ADOLESCENTES EN CONFLICTO
Cómo recuperar la armonía perdida

Carlos Molinero

ADOLESCENTES EN CONFLICTO
Cómo recuperar la armonía perdida

Mestas
e d i c i o n e s

© Carlos Molinero
© JORGE A. MESTAS EDICIONES, S.L.
Avda. de Guadalix, 103
28120 Algete - Madrid
Tel. 91 886 43 80
Fax: 91 886 47 19
E-mail: info@mestasediciones.com
www.edicionesmestas.com
f http://www.facebook.com/MestasEdiciones
http://www.twitter.com/#!/MestasEdiciones

Ilustraciones: Carlos Molinero
Director de colección: Juan José Jurado

Primera edición: *Septiembre, 2012*

ISBN: 978-84-92892-25-9
Depósito legal: M-28567-2012
Printed in Spain - Impreso en España

A mis padres, mi abuela y a mi hermano…
a toda mi familia de España y Colombia,
a todos mis amigos…

… y a Sandy.

ÍNDICE

INTRODUCCIÓN

"Educad a los niños y no será necesario castigar a los adultos." Pitágoras.

Esta frase de Pitágoras resume la esencia del objetivo de este libro: asomarnos a la realidad de los adolescentes para servir de ayuda en esa aventura de desarrollarse como personas.

En las páginas siguientes nos acercaremos a observar esta etapa de la vida en todos sus ámbitos (personal, familiar y social), a analizar la conflictividad de cada uno de ellos e intentar dar una respuesta que la solucione.

Vamos a asomarnos a un abanico amplio de temas: los problemas de autoestima y aceptación corporal, el análisis de las familias, los conflictos en el ámbito escolar como son la disrupción en las aulas, la agresividad y el acoso, pasando por las nuevas tecnologías y sus riesgos, los problemas del entorno con conductas de riesgo (drogas y alcohol) y el peligro de las bandas juveniles. Cuestiones que por separado podrían ser objeto de múltiples libros y estudios. Con este libro pretendemos dar una visión de conjunto que nos ayude a una comprensión ágil y directa de esta realidad.

El esquema es muy sencillo, se trata de reflejar la realidad de los conflictos consigo mismo y con los demás. Seguidamente, según cada caso, intentar dar unas pautas que aporten luz y solución.

Todo esto se hace desde una mirada positiva al adolescente y a todos nosotros (hermanos mayores, padres, profesores, agentes sociales…), porque aunque en este libro manejemos datos y estadísticas, lo más importante es que detrás de ellos no hay números, hay personas, historias, hay problemas, sufrimiento, preocupación, anhelos y sobre todo optimismo e ilusión, puesto que creemos que todo ser humano tiene dentro de sí un gran potencial a descubrir y desarrollar.

Cuentan que cuando Miguel Ángel terminó su David, discípulos, mecenas y allegados se asombraron en demasía ante la grandiosidad de la obra. En este entusiasmo le comentaron que cómo había sido capaz de extraer semejante maravilla de un descomunal y basto bloque de mármol… Miguel Ángel sonriendo les respondió con seguridad y aplomo: "estaba ya ahí dentro, solo había que ser capaz de intuirlo y trabajar para quitar lo que le sobraba".

Ojalá que nosotros como este sin igual artista ayudemos a "esculpir" personas de las que sus allegados también se maravillen.

LA ADOLESCENCIA

El adolescente en la historia

La adolescencia es la etapa en la vida del ser humano en la que mediante un proceso de cambios y transformaciones se pasa de la infancia a la edad adulta.

Estas transformaciones abarcan todos los ámbitos de la persona. Son cambios en su biología, en su manera de pensar y en su forma de relacionarse con los demás.

Todo esto le supondrá al adolescente una crisis en lo que hasta ese momento era su mundo estable y seguro de su etapa infantil. Es una crisis que conlleva pérdidas; pérdida de su "cuerpo infantil", de su manera de ser y de sus relaciones con los demás. Mientras no complete su corporalidad adulta y florezca su personalidad equilibrada, se sentirá inestable y desorientado en sus sentimientos y relaciones con los otros.

Si analizamos etimológicamente el término "adolescente", observaremos como lleva implícito todo el contenido del que hemos hablado anteriormente, puesto que se deriva del verbo latino "adolecere" que significa "crecer", "desarrollarse". Así pues, adolescente significaría "el que está creciendo" y adulto "que ha crecido ya". También algunos expertos le atribuyen un segundo significado: "estar carente o falto de algo", puesto que la persona inmersa en un desarrollo incipiente está carente de lo necesario para completar su proceso.

Hemos visto su definición, pero ¿cómo se ha vivido la adolescencia a lo largo de la historia?...

Y aquí nos encontramos con un hecho generalizado: en prácticamente la totalidad de las etapas históricas y de las culturas no existe la adolescencia considerada y vivida como tal. Desde la antigüedad y hasta entrado ya el siglo XX los niños pasaban en su mayoría de la edad infantil a la edad adulta de una manera muy directa. Debían asumir las responsabilidades del mundo laboral de forma precoz; así pues, el niño pasaba "de las faldas de su madre" a convertirse en un "hombrecito" con pantalones largos. Y si esto sucedía con los niños ha sido, normalmente, más incisivo en las niñas, que se convertían rápidamente en "pequeñas madres" de sus hermanos menores y al poco tiempo, en posibles esposas.

En la mayoría de las sociedades tribales el niño asumía el papel de adulto (hombre, cazador, guerrero) mediante ritos de paso. Podían ser ceremonias de iniciación o incluso periodos de días o semanas en los cuales debía ser capaz de demostrar su valor y resistencia. Estos rituales suponían para el niño el salir del entorno meramente familiar y el entrar a una vida comunitaria como hombre.

En el caso de las niñas estos ritos se individualizan, puesto que es el momento de la menstruación lo que marca su iniciación como mujer.

Así pues, el reconocer socialmente al adolescente como tal y acompañarle en su vivencia, ha dependido de las condiciones socioeconómicas de cada momento histórico, por eso para encontrar una época en que los muchachos tengan tiempo prolongado para "vivirse" como adolescentes no será sino hasta mediado el siglo XX .

En sociedades antiguas como Grecia estaban los "efebos" (mancebos, jóvenes), pero no era un reconocimiento a esta etapa sino que era una institución dedicada a formar futuros ciudadanos, a los que se les instruía en el arte de la guerra (además cuando eran incluidos en este grupo su edad rondaba los 18 años).

Al contrario en la tradición judía el paso de la niñez a la edad adulta es a una edad temprana. Es la ceremonia del Bar Mitzvah para los varones, a la edad de 12 años y del Bat Mitzvah, para las niñas. Se les considera adultos y capaces, como tales, de leer la palabra de Dios en la sinagoga. Es su "presentación en sociedad". Recordemos el pasaje que recoge el evangelio de Lucas en que Jesús a los 12 años traspasa el ámbito doméstico y no regresa con su familia a Nazaret sino que se queda en el templo de Jerusalén relacionándose con sacerdotes, escribas y otros peregrinos. Ese fue su "Bar Mitzvah".

En las épocas en que la sociedad fue meramente agrícola y también en las que fue apareciendo una industrialización incipiente, era la pubertad el momento de paso de niño a hombre. El infante dejaba de serlo y empezaba a trabajar como un adulto: ya sea en las tierras de su familia o de jornalero, entrando como aprendiz en algún taller de un oficio manual. En un breve tiempo adquiría responsabilidades y formaba una familia.

Hay que tener en cuenta que en esa época la esperanza de vida era muy corta.

Como resume la psicóloga Silvia Di Segni Obiols en su obra "Adultos en crisis, jóvenes a la deriva": "hasta mediados del siglo XX, la infancia se extendía hasta los 15 y 16 años, edad en que los varones eran iniciados sexualmente, se les permitía usar pantalones largos, afeitarse y tener las llaves de la casa. Las chicas, futuras novias, serán presentadas socialmente para que consigan un buen partido".

De hecho para muchos varones era el servicio militar ("la mili"), el único momento de su vida en que podían tener independencia, novedad y experiencias de socialización más allá del entorno de su familia, trabajo y pueblos. De aquí que las fiestas de los "quintos" (miembros del grupo de nacidos en el mismo año), fueran momentos para explayarse de júbilo, y muchachos, ya mayores, se comportaran como críos gamberros... quizá era el "pequeño y único momento" de adolescencia en sus vidas.

No será sino a partir de los años 50 del siglo pasado, después de las guerras mundiales, en que la bonanza económica con la aparición de la clase media, hará que se generalice el acceso a los estudios. Esto permitirá a los sujetos más tiempo de preparación y maduración, con la consiguiente inserción tardía de los jóvenes al mundo laboral.

Aparece así una nueva realidad en la vivencia de los seres humanos de nuestra cultura, que en los años 60 se empezará a definir con el término "adolescencia", y estos adolescentes llamarán la atención del resto de la sociedad con unos estilos de vida que los distinguen del resto: se adherirán o crearán nuevas modas en todos los ámbitos, en el vestir, la música, el ocio... todo para afianzar y definir su identidad.

Es una nueva realidad y como todo lo nuevo, abierto a posibilidades de creación y novedad positiva, pero también a incomprensión, desviaciones y choque con la mentalidad y tradiciones establecidas.

ANÁLISIS DE LOS CONFLICTOS

¿Es la adolescencia una etapa de conflictos?

> *"...Desearía que no hubiese edad intermedia entre los 16 y los 23 años, o que la juventud durmiera hasta hartarse, porque nada hay entre esas dos edades como no ser dejar embarazadas a las chicas, agraviar a los ancianos, robar y pelear."* William Shakespeare (1610 "Un cuento de invierno").

Escuchando esta afirmación de esa obra de Shakespeare, dudaríamos de que la adolescencia no fuera una etapa de conflictos, pero la respuesta tiene que ser que no. No es una etapa de conflictos, es una etapa donde puede haber conflictos.

Es normal que surjan ciertas dificultades para integrar con armonía los aspectos nuevos a vivir: el recién estrenado pensamiento reflexivo, el surgimiento de nuevas pulsiones, y la apertura a relaciones sociales más amplias.

A todo esto hay que añadir la creciente complejidad de nuestra sociedad y mundo globalizado. El mundo al que se asoman estos niños-as que están dejando de serlo, cambia y evoluciona vertiginosamente. Cambia y crece en información, nuevas tecnologías, acceso a recursos y posibilidades...; un mundo muy distinto al que tuvieron que asomarse sus padres y profesores.

Aún así, lo primero a subrayar es que la mayoría de los adolescentes pasan por esta etapa sin que tenga que ser una tormenta o un trauma terrible.

Hecha esta salvedad, las páginas siguientes intentarán aportar un poco de luz a esas situaciones en las que el chico-a vive con tensión aspectos personales y de relación con los otros.

Identidad y autoestima

> *"Educar a un niño no es hacerle aprender algo que no sabía, es hacer de él alguien que no existía."* John Ruskin (1819-1900. Escritor británico).

El niño que empieza a ser adolescente está a punto de embarcarse en la aventura más apasionante de su vida: construirse como persona.

El núcleo primordial en esta etapa será el definir y afianzar su identidad. Forjar una personalidad que le haga sentirse "él mismo" y por otro lado le distinga del resto de los seres.

Al igual que va a crecer y cambiar su cuerpo, también lo hará su mente y se agrandará el círculo vital que le rodea. De niño, su mundo era su familia, (donde, en una hipotética carrera de afecto y cuidados, digamos que "salía con ventaja"), y sus amigos, con los que compartía tiempo y espacios de diversión y juegos.

Ahora su mundo se expande, su mente capta más que antes, percibe nuevos estímulos, crea originales ideas, es consciente de situaciones que antes no vivía o le pasaban inadvertidas, relaciones con los otros que le acarrean sensaciones y sentimientos antes no experimentados.

Los demás entran en su vida. Mirará a los otros chicos o chicas y... los verá con ojos nuevos: le gustarán sus cuerpos, su forma de actuar, de expresarse, de vestir, su originalidad, sus ocurrencias, sus opiniones...

Será consciente que él también entra en las de los demás, y eso le gustará, pero será un reto:

Ser alguien ante los otros, tenido en cuenta y valorado... Por eso, sobre todo, la relación con los demás puede ser fuente de conflictos personales para el adolescente:

1. Conflictos de baja autoestima, (al cohibirse -eclipsado y temeroso- ante una posible carencia de habilidades sociales, también por no haber desarrollado aptitudes y talentos existentes en otros chicos-as...)

Pueden dar lugar a aislamientos, complejos, e incluso, a veces, a parapetarse tras indumentaria y rasgos de tribus urbanas (siniestros, góticos, heavys...) que disfrazan de "peculiaridad y rareza" su timidez e inseguridad.

2. Conflictos de conductas que ceden a "la presión de grupo", (y que se dan en ocasiones aunque los otros no "presionen" en demasía), movido por el afán de hacer y decir lo que cree que va a agradar al resto, o al menos a los que él más admira...

Esto por desgracia es muy común y quizá de lo más opuesto y contrario a la formación de una personalidad definida. Puede forjar una conducta que se enquiste de manera inconsciente en el adolescente, y que le incapacitará para asumir con madurez las siguientes etapas vitales (noviazgo, pareja, ser padre...)

3. Conflictos también en la no aceptación de las carencias personales. Esto es muy sencillo: el adolescente, como su nombre indica, adolece, es carente, todavía no ha afianzado cualidades y virtudes positivas que le servirán para el resto de

su vida, pero quisiera dominarlas ya, sobre todo para disfrutar de sus beneficios.

Por ejemplo: le gustaría destacar por dar opiniones acertadas y valoradas, pero no tiene la voluntad y la paciencia suficiente para dedicar tiempo a la lectura y la investigación.

Ha "mareado" hasta convencer a sus padres para que le proporcionen los medios materiales para realizar alguna afición (artística, deportiva, musical, etc.), pero no tiene la fuerza de voluntad ni el tesón mínimos para practicarla...

Quisiera ser ya adulto, alguien firme, con temple, (exige llegar más tarde a casa, más paga, ¡porque ya no es un niño!)... y sin embargo llora desconsolado ante cualquier pequeña herida o contratiempo inesperado.

La constatación de estas carencias le enfurecen, sus deseos van más rápido que sus logros, por eso no está a gusto, y tiene cambios bruscos de humor que, sobre todo, los sufren sus familiares más cercanos.

4. Por último, la confusión en sus ansias de afirmar su identidad pueden llevarle a un marcado "egocentrismo":

Así, fruto de su recién estrenada capacidad de pensamiento reflexivo, puede caer en un atrevido "egocentrismo intelectual", haciendo críticas y reflexiones categóricas sobre temas teóricos o trascendentes como política, religión, o cuestionando la autoridad (familia, escuela...) y los sistemas sociales.

Cada vez que habla "sienta cátedra". Para él hablar de cambiar algo es ya casi haberlo solucionado... su impertinencia y pedantería pueden llegar a ser asombrosas. Nunca y más adecuado aquello de: "la ignorancia es atrevida".

Otros aspectos de este egocentrismo han sido denominados por los expertos con los apelativos de: "la audiencia imaginaria" y "la fábula personal".

El primero de ellos sería la obsesión por la imagen que los demás tienen de él. Es la manía de creer que todo el mundo les está observando y está pendientes de ellos.

"La fábula personal" quiere dar nombre a esa inclinación, que tienen muchos adolescentes, a considerar sus experiencias (vivencias, sentimientos…) como algo singular e incomprensible para el resto de personas.

Corporalidad y autoimagen

"No hagas de tu cuerpo la tumba de tu alma".
(Pitágoras. 582-497 a.C. Filósofo griego).

También la no aceptación de la imagen corporal puede ser fuente de conflictos.

Las personas somos una unidad (cuerpo y mente-espíritu), y la corporalidad forma parte de nuestro ser, nos constituye y al mismo tiempo nos posibilita la comunicación con los otros.

Mi cuerpo también soy yo, y es importante.

La imagen corporal está íntimamente unida a la autoestima. Una imagen positiva de sí mismo hará que el joven se sienta seguro, confiado para vivir nuevas experiencias y relaciones integradoras.

Esta imagen positiva se corresponde con un cuerpo sano, en pleno crecimiento y libre de complejos, pero las transformaciones corporales en la adolescencia, sumadas al deseo de "agradar" y ser aceptados, influyen mucho en ella.

La preocupación por cómo les ven los demás es grande, puesto que el chico-a comienza a "verse" y relacionarse como no lo hacía en la niñez, y todo esto en medio de un ambiente en el que reinan los patrones impuestos por el mundo de la moda y la publicidad: extremada delgadez en la niña-mujer y cuerpo musculado y atlético en el niño-hombre.

Estos patrones estéticos son los que actualmente predominan en la cultura occidental, y debido a la globalización y a los medios de comunicación están presentes en todo el mundo. Esto quiere decir que el canon occidental de belleza (delgadez y músculo) está relacionado con el éxito, bienestar, salud y admiración, y al contrario, el sobrepeso es identificado con el fracaso y la no aceptación.

Esto casi nunca ha sido así en la historia, puesto que en la antigüedad el alimentarse en abundancia era privilegio de las clases adineradas y poderosas, y por lo tanto la obesidad era signo de una salud, un triunfo y un poder que la hacían bella.

Será a partir de los años 20 del pasado siglo cuando los patrones de belleza dan un giro importante en las mujeres: desaparece el corsé, se acortan los vestidos y se estiliza la figura suprimiendo las curvas.

Más adelante los modelos de belleza femeninos volverán a mostrar a una mujer con más curvas, aunque no gorda; es el caso de actrices como Marilyn Monroe o Sofía Loren. A partir de los años 60 y 70, cuando el acceso al deporte se generaliza y se identifica con la vida saludable, la alimentación se orienta más a la nutrición que a la abundancia, coincidiendo con el "boom" de la televisión (con la influencia de ésta para la publicidad y la moda), se volverá a difundir el modelo positivo de los cuerpos estilizados.

Desde esos años hasta la actualidad el predominio de estos cánones de belleza ejercen una "dictadura" que envuelven prácticamente todos los aspectos de la vida en sociedad.

Si en el mundo de los adultos, esta presión social se corresponde con una gran preocupación por acercarse a estos patrones de belleza, en el universo de los adolescentes está mucho más presente, puesto que su autoestima y personalidad están en proceso de conquista.

El adolescente necesita la aceptación de su grupo de iguales, y en el consciente e inconsciente colectivo reina este culto al cuerpo. Así pues, la visión que sus amigos tengan de ellos, sus comentarios y opiniones acerca de su imagen, les son decisivas para su estima.

La necesidad de aceptación por el grupo, unida al constante bombardeo de los medios de comunicación, puede llevar al adolescente a obsesionarse por conseguir un "cuerpo perfecto" y por adoptar conductas perjudiciales para su salud, sus emociones y sus relaciones.

La mayor parte de estas conductas erróneas están relacionadas con trastornos en la alimentación (anorexia y bulimia), y también en lo estético (vigorexia y dismorfia corporal).

Anorexia y bulimia

La *anorexia nerviosa* está catalogada como enfermedad mental. Consiste en la obsesión por la pérdida de peso fruto de un extremo temor a la obesidad. Los enfermos consiguen esta pérdida sobre todo por la no ingesta de alimentos.

La consecuencia de esta conducta enfermiza es una aguda desnutrición en el plano físico, y un trastorno en la percepción de la realidad: extrema delgadez que nunca es suficiente, pues a menudo las personas se siguen viendo a sí mismas como obesas.

El 90% de los casos se dan en mujeres, especialmente en jóvenes entre 14 y 18 años, aunque de manera alarmante, se constata que la edad de estos trastornos va descendiendo por debajo de los 14 y hasta de los 12 años.

Los síntomas más frecuentes son:

• Pánico a la obesidad.

• Negación de la obsesión por adelgazar.

• Evidente no ingesta de alimentos con pérdida de peso en periodos cortos de tiempo.

• Abuso de dietas severas.

• Imagen corporal distorsionada (percepción de estar obeso cuando es evidente la extrema delgadez).

• Diversos hábitos y ritos al comer como: cortar trozos pequeños, masticar mucho y ralentizar la comida, esconder o tirar la comida (mintiendo sobre ello), contar las calorías...

• Tomar laxantes y fármacos adelgazantes.

• Síntomas físicos: ausencia de menstruaciones, caída del cabello, excesiva sensibilidad al frío, piel seca.

- Síntomas psico-sociales: cambios de humor, languidez y tristeza. Tendencia a la depresión y al aislamiento social.

La bulimia nerviosa:

Es un trastorno en el que la preocupación excesiva por el peso corporal lleva a protagonizar un abuso en la ingesta de alimentos, seguido de sentimientos de culpabilidad que desembocan en provocarse vómitos a modo de compensación.

Los afectados son también en su mayoría mujeres jóvenes y adolescentes, aunque no de edades tan precoces como en la anorexia.

Sus síntomas más evidentes son:

- Obsesión por la comida y el peso corporal.

- El comer de manera compulsiva y oculta.

- Sensación de culpabilidad que llevan a conductas de compensación: provocarse el vómito, o un uso abusivo de laxantes y fármacos "quema grasas".

- Síntomas físicos: puede que no tengan los signos de extrema delgadez de la anorexia, pero hay debilidad generalizada y deterioro evidente en las piezas dentales.

- Síntomas psico-sociales: cambios de humor, depresión, baja autoestima, en los casos más agudos puede haber conductas autodestructivas con autolesiones.

Así pues los patrones actuales que identifican belleza femenina con delgadez hacen que las adolescentes quieran ser reproducciones perfectas de las "tops models" que a diario se les presentan en los medios de comunicación.

Este modelo de perfección en la delgadez, en el triunfo, en una mujer dinámica e independiente, coincide con el perfil mayoritario de las adolescentes afectadas por la anorexia y la bulimia: chicas estudiosas, con muchas capacidades y talentos, que tienen como reto y empresa personal el dar la mayor talla de perfección en su mundo de estudios, familia y relaciones sociales.

Al identificar delgadez con éxito, piensan que ésta se puede conseguir con voluntad y tesón y lo que podía ser algo controlado y ordenado a un dinamismo de "estar en forma", se convierte en una obsesión enfermiza que se les va de las manos.

Es preocupante el creciente número de dietas (visibles u ocultas), que niñas y adolescentes realizan en el mundo occidental (los últimos sondeos hablan de ¡uno de cada cuatro!)

Y si esto ocurre mayoritariamente en las chicas, hay un problema que incide por el contrario casi en su totalidad en el ámbito masculino:

La vigorexia

Es el trastorno en el que la obsesión por conseguir un cuerpo musculado lleva a adoptar conductas tendentes al excesivo fortalecimiento físico, cuyos resultados nunca le son suficientes al sujeto, puesto que a pesar de la musculación exagerada, ellos siempre se perciben enclenques y débiles.

Sus síntomas son:

- Invertir todo el tiempo disponible para ejercitar la masa muscular.

- Mirarse constantemente en el espejo para ponderar el crecimiento muscular.

- Pesarse muchas veces al día.

- Recabar información excesiva sobre alimentos bajos en grasas, consumiendo muchos hidratos de carbono y proteínas.

- Intentar conseguir sustancias como hormonas y anabolizantes.

Los afectados por la vigorexia comparten con los anoréxicos y bulímicos la misma obsesión por la figura, y el mirarse a un espejo que les devuelve una imagen distorsionada de su realidad.

El último de los trastornos que afectan hoy día a muchas personas y que comienza en la adolescencia, es la dismorfia corporal.

Dismorfia corporal

Son las personas que sufren una obsesión por el rechazo a una parte de su cuerpo, llegando a tal punto que les impide llevar una vida tranquila y equilibrada.

Su obsesión en la mayoría de los casos resulta excesiva respecto a la parte de su cuerpo con la que están disconformes. Esto supone una alteración en su percepción de la realidad.

Síntomas de este trastorno pueden ser los siguientes:

- Obsesión por una parte de su cuerpo que se traduce en excesiva observación ante el espejo y en no poder quitar ese pensamiento negativo de su mente.

- Están tan convencidos de su fatalidad física que intentan interrogar constantemente a los demás para que reafirmen su visión.

- Las partes más comunes por las que se siente rechazo son: el cabello, la nariz, las orejas, el pecho, los genitales.

- Ven en la cirugía estética una solución que, al utilizarla, puede desembocar en una adicción, puesto que es fácil que nunca se queden conformes del todo.

Todos estos trastornos que se derivan de la obsesión por un cuerpo perfecto, se están convirtiendo en una epidemia peligrosa que es importante detectar desde la familia y en la escuela, pero que sobre todo hay que prevenir contrarrestando, desde todos los ámbitos, los estereotipos que imperan hoy día.

Cómo abordar estos conflictos

Acabamos de dibujar un cúmulo de posibles problemas que afectan a los adolescentes en su ámbito personal. Todos estos problemas tienen un denominador común: la búsqueda de la autoestima, tanto en su identidad y autoconcepto, como en su imagen corporal.

Su afán por sentirse importante, por tener valor, por "brillar", puede llevar al adolescente a conductas que derivan de la imagen que tenga de sí mismo.

Al compararse con los demás sintiéndose en desventaja, puede aislarse y cohibirse, refugiándose en aficiones solitarias, o adoptando roles que le sirvan de armadura, como estéticas de tribus urbanas. Pero si en la comparación se sabe victorioso, porque los patrones sociales de belleza y cualidades le avala, puede sentirse "por encima del resto" y esto se expresará en un "egocentrismo" y superioridad exacerbados que no dudará en mostrar y exhibir continuamente.

En su carrera por conseguir reconocimiento y aceptación, el adolescente puede también buscar "atajos". Sería todo aquello que le hiciera acceder al agrado y buena imagen ante los demás, pero de manera descontrolada, o en la que llega a sustituir su sentir, opinar o actuar personal, por lo que cree que va a "gustar" a los otros.

La tentación es traicionar lo que verdaderamente piensa si cree que puede contradecir al líder o al resto del grupo, y esto se traduce en "silenciar" el salir en defensa de los más débiles e incluso en sumarse a humillar a los que son objeto de crítica o burla por parte del grupo dominante.

En el plano de la imagen corporal los atajos serían todos los hábitos erróneos para conseguir el cuerpo deseado de una manera inmediata y antinatural.

El adolescente quiere conseguir una estima personal y corporal al modo "microondas", esto es, de manera rápida, cuando son aspectos que solo se consiguen "a fuego lento".

Los jóvenes, hoy más que nunca, están acostumbrados a conseguir todo de forma inmediata, yo le llamaría "la cultura del enter", en la que (como en los ordenadores) se marca el texto a cortar, pegar o añadir, el video de youtube a bajar, la canción a escuchar, el trabajo a imprimir, las entradas o billetes a comprar por internet... y solamente necesitamos darle al "enter" para conseguir nuestro propósito. Y esto lo es en muchos más ámbitos del día a día, porque las ofertas son numerosas y se ponen al alcance de la mano: si quiero una pizza la tenga en mi propia casa en cualquier momento, comercios abiertos 24 horas, no tengo que esperar a la tarde para ver y hablar con los amigos, los tengo en el chat, tuenti o whatsapp permanentemente...

Por eso la tarea de padres y educadores es ayudar a prepararles a afrontar una vida donde lo más importante no tiene "recetas" o "enteres" (el "intro" del ordenador), sino que es a base de paciencia, aceptación, trabajo y confianza en sí mismo y sus posibilidades, como se llega a conseguir.

Apoyar a los chicos-as a no sucumbir a la tentación de compararse con los otros, ni con los modelos estéticos admirados en el mundo de la moda, pasa por el hecho de que ellos experimenten su verdadero valor e importancia desde el seno de la familia.

Desde niño, el adolescente debe saber lo que "vale", lo que es "querido", y ese saber no se adquiere por mera información, al ser experiencia vital, se transmite por "contagio".

Un adolescente que desde niño ha experimentado lo que "vale", lo mucho "que importa", estará más preparado para contrarrestar los "ataques" a su estima, ya sean estos por no brillar en las cualidades más deseadas según la sociedad de hoy, o por sufrir menosprecios a sus opiniones o apariencia física.

Personalmente se me han quedado grabados episodios en mi infancia en los que fui "contagiado" de valor y amor por parte de mi padre, uno de ellos fue a los 9 años:

> Mi padre nos contagió a mi hermano y a mí el amor al fútbol. A los 9 años míos y 11 de mi hermano consiguió hacernos socios del Real Madrid. No había dinero suficiente para serlo los tres y él renunció. La única posibilidad de reunirnos dentro del estadio era que él sacara una entrada de donde más cuesta (donde más cuesta subir, claro, arriba del todo, lo más barato.). Y así lo hacía, pero esto le suponía, ir saltando las vallas hasta llegar detrás de la portería donde estábamos de pie los socios. Nunca se me olvidará verle saltar las últimas, era grande, corpulento, las superaba con gran esfuerzo, y en alguna ocasión que los porteros y acomodadores pudieran estar cerca, él les decía:
>
> -salto que abajo están mis hijos-.
>
> Todos le ayudaban. Era por nosotros.

Otro fue más o menos a la misma edad, en el pueblo donde pasábamos los veranos:

Veraneábamos en Las Navas del Marqués, precioso pueblo de la sierra en la provincia de Ávila.

Mi padre y yo paseábamos por la calle principal, que era peatonal. La calle estaba repleta de gente.

En un momento dado mi padre me dijo: -estoy como mareado...-, yo le miré y efectivamente advertí que tenía mala cara. Mi padre se apartó, se apoyó en un árbol y comenzó a vomitar.

Yo me quedé paralizado donde estábamos... y no me acerqué a él.

Mi padre se limpió con un pañuelo, y volvió al centro de la calle, donde yo estaba.

Seguimos caminando juntos, en silencio. Al cabo de unos minutos se dirigió hacia mí haciéndome la pregunta clave:

¿Por qué no has estado a mi lado?...

Era evidente que me había dado vergüenza. Yo callé. Entonces él me dijo algo que se me quedó grabado para el resto de mi vida:

"Nunca te avergüences de mí porque yo nunca me avergonzaré de ti".

Con el tiempo me di cuenta de una cosa: comprendí que no había reproche ni en su pregunta ni en lo que me dijo, solamente había cariño hacia su pequeño.

En la adolescencia, como todos, tuve mis caprichos y salidas de tono..., pero nunca cuestioné la autoridad de mis padres. Cuanto más "valor" me contagiaban más autoridad positiva ganaban sobre mí.

Y es que valores como la generosidad, el esfuerzo, la solidaridad, la compasión, la empatía... se aprenden por "contagio" en el seno de la familia, en lo cotidiano del hogar.

Mi experiencia en la infancia ha sido muy positiva, por eso llegados a este punto hay que reseñar que si bien muchos padres se esfuerzan todo lo que pueden por transmitir ese "contagio", cada niño, cada joven es un mundo diferente, y al tratar con personas no hay "recetas" preestablecidas (tampoco hay "enter" para los adultos en la educación). Siempre habrá que buscar una respuesta distinta y nueva para cada hijo. De todos modos hay pautas que siempre hay que fomentar...

Por ejemplo, una de ellas puede ser el hecho de que les ayudemos a alcanzar logros que sean reconocidos y valorados.

Que hagan algo que sea diferente, que no existía como tal y ahora existe gracias a ellos, y que alguien que es importante para ellos se lo reconozca sinceramente.

Cuando oímos al hijo decir: "Mamá mira este dibujo" o "lo que he descubierto". Muestran su progreso y necesitan el reconocimiento.

Necesitan que les acompañemos en su aprendizaje, alentándoles a la paciencia en el fracaso de los primeros intentos, invitándoles a asumir retos, a volar por ellos mismos (con la prudencia de estar vigilantes para apoyarles siempre, pero pudiendo más en nosotros la posible alegría de sus logros que el temor a sus caídas para conseguirlos). Si cuando nuestros padres nos enseñaban a montar en bicicleta hubieran tenido reparos al soltarnos, efectivamente se hubieran ahorrado el disgusto de provocarnos caídas y dolor, pero nos habrían hurtado el disfrutar de la bicicleta en nuestra juventud.

Otra pauta a seguir es la de "tomar en serio" al adolescente, ya no se le puede tratar como a un niño: en la infancia se les hacía ignorar muchas cosas cotidianas en el devenir de la familia, ahora, las dificultades y cuestiones familiares domésticas se podrán dialogar con ellos, deberán conocer más y asumir responsabilidades adecuadas a su edad.

La autoridad ganada desde pequeños con ellos nos ayudará a encontrar el equilibrio entre diálogo y acatamiento de normas.

Se debe razonar siempre con ellos, porque ahora lo necesitan, pero no podemos esperar siempre a que les convenzan nuestras razones, puesto que a veces sus intereses y caprichos les pueden más, entonces debemos mantenernos firmes en nuestra autoridad.

Por ejemplo, el chico-a no ve por qué tiene que llegar a una hora determinada por la noche argumentando que algo malo le puede pasar igual a las 11 de la noche que a las 12 -sobre todo cuando alguno de sus amigos no tienen hora de llegada-. Correcto, pero nosotros sabemos que ha tenido tiempo suficiente para salir y divertirse, que las últimas horas muchas veces "sobran" y son más peligrosas, y que si ponemos como norma una hora concreta y sensata puede que algún día haya una excepción, pero si no la ponemos corremos el riesgo de que todo sea excepción y eso es sinónimo de que todo sea descontrol y desajuste.

Es necesario razonar pero también poner límites. No les gustan pero más les daña su ausencia.

De cara a aumentar su autoestima se trata de estimularles a que sean activos y se desplieguen, que es que se conformen en ver "lo que son o tienen" y lo juzguen como "poca cosa", sino que confíen en lo que pueden "llegar a ser" con esfuerzo y con ilusión.

Esto es muy palpable en la apariencia y destrezas físicas. A veces el adolescente se ve en desventaja y acomplejado por su apariencia física. Hay que ayudarles a que comprendan que lo que ellos "sufren" al verse con un cuerpo que no les gusta, es algo que no es definitivo, que está en proceso de desarrollo, que no deben compararse continuamente puesto que cada adolescente evoluciona y lo vive de manera diferente.

Unos pegan el estirón más pronto y efectivamente son más grandes, pero quizá menos coordinados; otros se ven pequeños todavía, pero quizá son más diestros y activos. Algunos se ven más gordos, pero es un acumulo de grasa que con el tiempo se va a estilizar (cuántos chicos-as adolescentes de corta edad están "gorditos" y 3 o 4 años más tarde se estilizan... era su proceso). Otros, por más que coman, nunca engordan..., todos son diferentes.

Es importante tener paciencia y no obsesionarse. Les tenemos que ayudar a ser cabales, a aceptar lo que físicamente no podemos cambiar (no puedo cambiar mi color de ojos, mi estatura..., sí otras cualidades como el ser optimista o alegre) y desde un trabajo sereno mejorar la forma física, conseguir más elasticidad, cuidarse de manera sana. Todo desde conductas positivas y saludables que mejoren lo estético y agradable.

Recuerdo una escena personal en relación a esto último comentado. Tenía 14 años, me lo pasaba muy bien en prácticamente todo lo que hacía. Lo que más, jugando al fútbol –lo hacía bien y era muy rápido-, pero era más bien bajito.

Un sábado fui a una tienda de deportes del barrio a comprar tacos de aluminio para las botas de fútbol, detrás de mi entraron dos muchachos de unos 20 años. Saludé al dependiente y le dije que necesitaba unos tacos de aluminio. Él me preguntó que si los quería para fútbol o para rugby. Cuando le iba a contestar que para fútbol, escuché la risilla de uno de los dos muchachos. Sin mirar ni inmutarme contesté al dependiente, y noté cómo el muchacho, le seguía comentando a su amigo en tono gracioso: -"sí, para rugby, ¡venga ya!"-. Cogí los tacos de fútbol y me fui.

Me dio mucha rabia. Para esos dos yo solo era un pequeñajo...

Un año después un amigo del barrio me dijo que había conocido a un entrenador del club deportivo Arquitectura (rugby), que empezaba la temporada y buscaban jugadores de 15 años, que él se iba a presentar y que yo con lo rápido que era podía probar...

Estuve 5 años jugando, de "ala" (los extremos rápidos), quedamos varias veces campeones de Madrid y fuimos a jugar la copa del Rey por toda España con gran éxito.

Los tacos (esta vez de rugby) los volví a comprar en la misma tienda.

Uno no es "el pequeñajo", o "el gordo", o "el gafas". Uno es un universo de capacidades, posibilidades y vivencias.

Desde las familias debemos estar atentos a contrarrestar con actitudes, comentarios, criterios y valores más profundos e importantes, los excesivos y engañosos mensajes que la publicidad y los medios de comunicación dan del "culto al cuerpo".

La presión es muy grande y el chico-a puede caer en la trampa de conseguir "cueste lo que cueste" un "cuerpo 10".

El acompañarles en el día a día es básico, lo ideal es poder comer en familia, para que haya más comunicación y podamos estar presentes en su alimentación directa.

Procuremos mantenernos alerta para detectar signos de reducción de la alimentación o de pérdida excesiva de peso. Conviene reaccionar al menor indicio y llegado el caso consultar con especialistas de atención primaria, puesto que si esos malos hábitos se han convertido en un trastorno, ya es una enfermedad que se debe tratar al amparo de especialistas.

Y si no es obsesión, sino que es necesario perder peso para contrarrestar una incipiente obesidad, debe ser tratada igualmente bajo supervisión médica.

En cuanto a la vigorexia, si uno nota indicios en el adolescente, deberá orientarle a la práctica deportiva, mejor en deportes de equipo, para que se interrelacione e integre, y para que sea la competición la que le motive, no que la meta se quede en sus músculos. También a edades precoces es recomendable hacer ejercicio no con el suplemento de pesas, sino con ejercicios del propio cuerpo, ya que no está todavía formado (la gimnasia deportiva es más adecuada para fortalecerle en consonancia a su edad).

La familia es el núcleo principal para educar al adolescente, pero sabemos que *"educa toda la tribu"*. Toda la sociedad es responsable de la educación de los jóvenes, por lo tanto habría que replantear los modelos de los medios de comunicación y moda que utilizan el cuerpo como reclamo publicitario económico... es una tarea muy necesaria, pero difícil de conseguir y mucho más a corto plazo.

Pero desde donde sí podemos influir es desde la escuela y el instituto.

En los centros educativos es posible potenciar modelos saludables de autoestima física y detectar carencias: los profesores notamos cuando los chicos-as vienen sin desayunar a clase, captamos su debilidad y languidez. En educación física también se nota.

La escuela y el instituto deben potenciar la autoestima a través de fomentar modelos integradores de la persona que favorezcan las diferencias, que contrarresten situaciones de burlas o menosprecios ya sea en el aspecto físico, estético o intelectual.

Fomentar las habilidades personales y sociales de todos los alumnos, destacando quizá a los que las tienen más ocultas por su timidez o complejos.

Y si antes hemos enfatizado el papel de los padres en el "contagio" de valores, esto hay que extrapolarlo a los profesores y demás miembros de la comunidad educativa.

El profesor es el primer modelo, el mejor y más vivo "método audiovisual" que tiene el joven - junto con sus padres-. Además de maestros debemos ser "testigos" en conductas coherentes y hábitos saludables.

Educamos con todas nuestras actitudes y detalles, y más allá de las asignaturas, es la convivencia cotidiana la que nos dará elementos más que suficientes para promover valores positivos e integradores: la manera de afrontar y solucionar conflictos, de respetar las opiniones de todos, de "conocer" al alumno para reconocer su grado de autoestima…

Un grado de autoestima grande fomenta el aprendizaje y desinhibe para participar. Por eso cuando se detecta baja en algún chico-a, no se deben resaltar tanto los fallos como reconocer los logros por pequeños que estos sean. Por el contrario tampoco es conveniente elevar la autoestima de los que, ya de por sí, la tienen bastante alta.

Y si estas actuaciones deben impregnar toda la praxis educativa, especialmente se deben impartir sesiones específicas para abordar estas cuestiones.

En mi experiencia educativa, en tutorías y sesiones diversas hemos abordado el tema de la autoestima y los modelos engañosos de los medios de comunicación y moda.

Utilizamos dvds con reportajes sobre los mensajes de la publicidad: en los que se muestran productos de consumo manipulados en su apariencia para dar una imagen más saludables y apetecibles (el pollo recién salido del horno y jugoso no brilla por lo bien que resulta asado, sino como se ve en el video porque lo han rociado con lavavajillas...), y aparecen las modelos como son en la realidad y como nos las "venden" pasadas por el photoshop.

Visionar películas como "Pequeña miss Sunshine", o "La boda de Muriel" (cuyas protagonistas no responden a los criterios de belleza vigentes hoy día, pero que destilan una riqueza mucho más profunda) creando el ambiente propicio para que los alumnos-as compartan opiniones e inquietudes...

Invitar a especialistas en salud y nutrición para que les asesoren. También contar con las experiencias de deportistas destacados en disciplinas atléticas que no se ajustan a los esteriotipos de cuerpos extremadamente musculados o fibrosos para triunfar (judo, hockey, tiro con arco, atletismo...)

Todo esto desde las tutorías, esas necesarias sesiones donde poder tratar temas de interés para los alumnos y escuchar sus inquietudes. Por eso cuestionar desde los despachos de la administración su espacio en la educación secundaria, es no tener "ni idea" de lo imprescindible que son.

Concluyendo:

La autoestima se va ganando poco a poco, crecerá acumulando experiencias positivas de habilidades personales y de relaciones enriquecedoras. Este proceso solo se pondrá en marcha, por encima de fracasos y menosprecios, si los niños han sido receptores del "Valor" que a base de tiempo, esfuerzos, dedicación, amor y desvelos, les han dado la familia y el entorno más directo.

Recuerdo la experiencia de su niñez que me contó una amiga, en relación a su complejo de ser pecosa:

"Mi madre me encontró sofocada y llorosa sentada en la escalera de entrada de nuestra casa. Preocupada me preguntó qué me había pasado. Yo le contesté que otros niños y niñas de clase no paraban de llamarme -pecosa!, pecosa!- ... Mi madre se sentó a mi lado, me abrazó y me dijo al oído:

No son pecas..., son ESTRELLAS".

Conflictos con los demás

En las familias

"Los que respetan a los padres no se atreven a odiar a los demás." Confucio.

Esta afirmación puede resumir la percepción que la mayor parte de las personas tienen: el seno familiar es la base más importante en la educación humana.

Por eso vamos a analizar cómo es hoy día la realidad de la mayor parte de las familias y si las circunstancias que viven facilitan o perjudican en este cometido.

El adolescente necesita un núcleo familiar que le proporcione seguridad y estabilidad, y aunque él reivindique independencia y privacidad, necesita sentirse valioso y objeto de atención. Es por esto que uno de los problemas que están en la raíz de sus conflictos es el tiempo que está "sin familia" en su jornada habitual.

La realidad nos indica que concretamente en una ciudad como Madrid, en 6 de cada 10 hogares con menores de 15 años trabajan los dos miembros de la pareja, y el 56% de los trabajadores consideran incompatibles sus horarios laborales con los escolares.

A estos datos habría que añadir el elevado número de hogares monoparentales que existen en la actualidad (sobre todo si lo comparamos con décadas anteriores).

Las consecuencias son muy concretas: cuanto más es el tiempo dedicado al trabajo, lo es menos para la familia. Los niños y adolescentes crecen rodeados de mucha soledad, o al cuidado de personas con menor vínculo afectivo y autoridad necesaria.

Estas circunstancias son tan notorias hoy día que se ha generado un término para definirlo:

Los "niños llave"

Este término se acuñó en los Estados Unidos durante la segunda guerra mundial. La mayoría de los varones dejaron sus hogares para ir al frente. Las madres, obligadas a trabajar para sostener sus familias, colgaban la llave de la casa del cuello de sus hijos, para que pudieran entrar cuando no había nadie.

Al terminar la guerra, muchos niños de la llave dejaron de serlo, sin embargo hoy día el ritmo de vida del mundo occidental ha hecho que prolifere de nuevo esta realidad, y, por lo tanto, que se adopte de nuevo este término.

Según la organización *Children's Defense Found* en los Estados Unidos la cifra actual de "niños llave", en edades que oscilan de los 5 a los 13 años, se eleva a los 6 millones. En España se calcula que alcanza a unos 400.000 niños.

Creo que todos tenemos experiencias cercanas para confirmar esta situación, y si no es nuestro caso, seguro que sí lo es en alguno de nuestros familiares, amigos o conocidos.

Personalmente, al compartir ratos de recreo o guardias con alumnos del instituto de secundaria donde actualmente trabajo, he comprobado cómo muchos de ellos, al comentar de su vida diaria, me decían que se organizaban solos hasta las 6, 7, y algunos incluso hasta las 8 de la tarde, hora en que llegaban sus padres de trabajar. En algunos casos, la que llegaba era solamente la madre y los fines de semana los alternaba con el padre. Al preguntarles cómo se las apañaban, algunos me decían que habían aprendido a cocinar, otros que se quedaban en el comedor escolar. Después, había chicos que manifestaban que pasaban mucho tiempo solos en casa con la televisión, videojuegos e internet, y varios de ellos decían que habían tenido problemas y discusiones en casa por bajar mucho a la calle con los amigos.

Son muchos casos y, por desgracia, muy normalizados, pero a veces uno se hace eco de historias que llegan a los sentimientos. Así, participando en un foro de internet sobre educación salió a discusión el tema de los "niños llave" y dos intervenciones llamaron mi atención enormemente. La primera la remitía una internauta llamada Marimar, y decía esto:

> "Iba caminando hacia mi casa en pleno invierno sobre las 7 de la tarde, totalmente de noche, cuando me di cuenta que un niño con una mochila, se puso a mi altura, y empezó a caminar a mi lado. Al pararme en un semáforo y mirar al niño, él me miró y me dijo: -"hola". A lo que respondí que si no sabía que no debía hablar con extraños, y él me contestó que su madre le había dicho que cuando viera a una señora que iba en su misma dirección se pusiera a andar a su lado, para parecer que iba con ella.

> Me dijo que tenía 9 años, que venía de la biblioteca de hacer los deberes, y que su madre no estaba en casa porque trabajaba.

Cuando llegamos a un cruce, yo le indiqué que tenía que irme hacia la derecha porque allí estaba mi casa, y él me contestó que seguía de frente y que su casa quedaba como a unos 5 minutos.

No fui a la derecha, acompañé al niño hasta su portal y mientras regresaba a mi casa, se me saltaron las lágrimas solamente de pensar la de niños que habría en esas mismas condiciones, solos en su casa y sin nadie que les espere al regresar".

La segunda era de Mamen:

"En un parque, un par de niños (uno de unos 10 años y otro de unos 6) solos, por la tarde, que se acercan a ti para conversar, te preguntan sobre tus niños o sobre cualquier otra cosa, se te sientan al lado… Cuando les preguntas ¿estáis solos aquí?, contestan: sí, ahora iremos a casa y luego viene mamá."

La realidad es así de contundente y muchos dramas y carencias conviven cotidianamente entre nosotros…

Las dos historias anteriores nos remiten a casos donde la ausencia paterna conlleva una desatención evidente hacia los niños, por eso otros progenitores - quizá con más recursos económicos-, recurren a inscribir a sus hijos en clases vespertinas de diversas actividades (inglés, judo, danza, natación…), tanto es así que han dado lugar a otro grupo: los *"niños agenda"*, por el cúmulo de actividades diarias enfocadas a su formación (pero también a "rellenar" ese tiempo sin padres…)

En resumen, el ritmo laboral de los padres conlleva el hecho de quitar a los hijos lo que más precisan de ellos: su presencia positiva y constante. Así pues, los padres viven esta realidad –de manera más o menos consciente- con sentimientos de culpabilidad, y esto puede derivar en un querer compensar esta situación con una forma de actuar demasiado permisiva con los hijos. Es la denominada:

"Paternidad complaciente"

Sería la forma de actuar engañosa para aliviar esos sentimientos de culpa de los padres a base de complacer los deseos de sus hijos.

Esta paternidad complaciente se manifiesta en dos grandes aspectos: el primero sería el hecho de tener cubiertas todas las necesidades materiales del hijo, pero llegando a caer en la sobreabundancia o en el rendirse a sus caprichos; y el segundo sería similar pero en el plano de la confrontación de voluntades entre padres e hijos.

Las consecuencias de esta conducta son muy palpables. El adolescente crece con pocos adultos que puedan servirle de punto de referencia, pero eso sí, rodeado de todo tipo de medios materiales como la televisión (a veces una para él solo en su cuarto), ordenador, móvil de última generación, consola... Estos medios son buenos en sí, pero necesitan un control, un acompañamiento por parte de adultos. La ausencia del adulto puede dar lugar a un abuso de ellos en el menor tanto en su uso como en el tiempo dedicado.

Lo mismo podríamos decir de otros aspectos cotidianos como la alimentación (no hay tiempo para hacer comidas adecuadas y familiares. Muchas veces se recurre a comprar algo preparado al gusto del hijo -aunque no sea tan nutritivo- antes que enfrentarse a él.)

Y tantos otros aspectos materiales como los dictados de las modas y marcas en el vestir, etc.

De cara al trato con los hijos, como los ratos de convivencia son más escasos de lo que sería deseable, se puede optar al final, por evitar el choque de voluntades.

Un padre y una madre son las personas que deben dar el afecto, la estabilidad, la seguridad, pero además deben establecer unas normas, una obediencia y una disciplina, necesarias para el desarrollo del niño. Esto no puede nunca omitirse por mucha tensión que plantee la oposición del adolescente. Ni se debe diluir camuflado de "actitud dialogante".

Muchos padres quieren ser "el mejor amigo del hijo" y se olvidan de que lo que deben ser es "los mejores padres o madres". Los amigos en esta etapa de juventud comparten los momentos lúdicos, los ratos libres, las risas, el deporte, y cuando hay tensiones entre ellos, a veces es el tiempo y la distancia física de "cada uno a su casa" la que lo cura. Todas estas cosas, un hijo también las puede vivir con su padre o madre, pero no se pueden quedar solo ahí, sino que además necesitan del toque de respeto, seguridad y orden, que garanticen todo aquello conveniente al menor, aunque choquen con sus gustos y apetencias inmediatas.

Una conducta complaciente por parte de los padres es algo muy peligroso. El adolescente necesita una presencia equilibrada de autoridad firme, que no está reñida con el afecto, al contrario, es consecuencia de un querer bien.

El informe del Instituto de Evaluación y Asesoramiento Educativo indica la opinión de, al menos, el 87% de los profesores de ESO en España: "Los casos de alumnos conflictivos se deben a la permisividad los padres". Si se pierde la presencia y la autoridad, los adolescentes se convierten en los reyes de la casa.

A medida que la autoridad paterna pierde terreno, ese lugar es conquistado por el capricho y la voluntad del adolescente, que puede llegar a convertirse en un "tirano".

"Un tirano en casa"

En el libro "Quién manda aquí", la pedagoga Nora Rodríguez sintetiza y describe con acierto esta realidad:

"...el niño es el dueño del hogar, el que decide desde que llega del colegio qué se ve en la tele, si los padres salen de casa o no (...) La carencia de límites está dando lugar a un niño insatisfecho, rebelde, plenamente autónomo, que con siete años quiere imponer sus criterios, que insulta, incluso agrede, que se cree el dueño absoluto del terreno que pisa. Ante esta situación, los padres, incapaces para responder, ceden, y no hacen así sino acrecentar el poder de ese niño o niña".

Según los expertos, esta conducta responde a un trastorno detectado en niños-as y que se conoce como el "síndrome del emperador". El término hace referencia a la voluntad tiránica de los antiguos emperadores romanos, trasladada a la forma de proceder de estos niños en el hogar; pero también tiene reminiscencias de los llamados "niños emperadores" chinos, a los cuales la "política de hijos únicos" en este país desde tiempos de Mao, han convertido en hijos excesivamente cuidados y protegidos por parte de padres y abuelos.

Esta conducta comienza en el hogar, en el que el niño empieza por desafiar a sus padres, fruto de una ausencia de límites y normas por parte de éstos. Su perfil se caracteriza por ser un niño contestatario, inteligente, que no acepta el límite de su autonomía y que está acostumbrado a salirse con la suya, de manera que cuando no obtiene lo que desea se frustra y estalla.

Estos niños-as han crecido sin conocer el esfuerzo para satisfacer sus deseos, y cuando no les resulta fácil llegar a sus objetivos, su ingenio se ha especializado en la manipulación e incluso el chantaje.

Sus reacciones (agotados los recursos anteriormente citados) llegan a ser explosivas y violentas, acentuándose en la medida que encuentre oposición.

Si esto es una constante desde la niñez, el problema será cuando los choques de voluntades sean inevitables en la adolescencia:

¿Qué ocurrirá cuando se le diga NO a un niño al que se le ha dicho SÍ a todo, desde los 4 años?

Nos responden los datos:

El ministerio del Interior de España refleja que entre el mes de enero y septiembre del año 2005, más de 5.500 padres denunciaron a sus hijos por malos tratos, y que tan solo en los tres primeros meses de 2.006 los casos fueron 2.070.

Las agresiones de menores hacia sus padres desde el año 2.001 ¡han crecido en un 2.000%!

Los datos en la actualidad son los siguientes: desde el año 2.007 han sido 17.000 los menores procesados por agredir a sus padres. En concreto en el año 2.009 fueron 5.021 y la cifra no aumentó en 2.010 sino que se estabilizó con 4.495.

Ese niño arisco, que siempre se salía con la suya, que no recogía sus juguetes (y la madre terminaba haciéndolo), que cuando se le contradecía pataleaba hasta conseguir un sí…, ahora tiene 15 años, no tiene horarios, ni respeto, ridiculiza a sus padres, y estampa contra la pared el móvil que le han comprado recientemente porque no era el que quería…

Un día exige más dinero para salir y escucha lo único que no tolera: "NO". Entonces se encara, y si no consigue su objetivo, grita, amenaza, empuja, rompe lo que tenga a mano...y llega a agredir.

Los padres tardan en denunciar, a veces lo hacen primero los vecinos o los médicos...

¿Cómo abordar estos conflictos?

El conocido juez de menores de Granada Emilio Calatayud, famoso por sus condenas formativas y constructivas a jóvenes delincuentes, en sus libros y conferencias se hace eco de un decálogo que recogió una compañera de su servicio técnico, basado en experiencias de la policía. Escrito con una gran carga irónica y con un gran trasfondo educativo, nos puede servir como punto de partida para replantear las relaciones padres-hijos desde la más tierna niñez. Es un decálogo para crear delincuentes:

1. Comience desde la infancia dando a su hijo o hija todo lo que le pida. Así crecerá convencido de que el mundo entero le pertenece.

2. No le dé ninguna educación moral. Espere a que alcance la mayoría de edad para que pueda decidir libremente.

3. Cuando diga palabrotas, ríaselas. Esto le animará a hacer cosas más graciosas.

4. No le regañe nunca, ni diga que está mal algo de lo que hace. Podría crearle complejo de culpabilidad.

5. Recoja todo lo que deja tirado: libros, zapatos, ropa, juguetes. Hágaselo todo. Así se acostumbrará a cargar la responsabilidad sobre los demás.

6. Déjele leer todo lo que caiga en sus manos y ver todos los programas que se le antojen. Cuide de que sus platos, vasos y utensilios estén bien esterilizados. Pero deje que su mente se llene de basura. Así aprenderá a tomar como valioso lo que solamente es porquería.

7. Dispute y riña a menudo con su pareja en su presencia. Así no le sorprenderá ni le dolerá demasiado el día que la familia quede destrozada para siempre.

8. Dele todo el dinero que quiera gastar, no vaya a sospechar que para disponer de dinero es necesario esforzarse y trabajar.

9. Satisfaga todos sus deseos, apetitos, comodidades y placeres. El sacrificio y la austeridad podrían producirle frustraciones.

10. Póngase de su parte en cualquier conflicto que tenga con sus profesores, vecinos y amigos. Piense que todos ellos tienen prejuicios contra su hijo y quieren fastidiarle.

Es de recibo que una buena práctica sería el intentar este decálogo justamente al contrario. Pero para poder hacerlo, hay una cosa que tenemos que procurar con anterioridad: tener el tiempo necesario para nuestros hijos.

Así pues lo primero es el tiempo, y es verdad que el ritmo laboral lo condiciona, pero hay que mantener una escala de valores en la que los hijos y el tiempo para ellos sean lo primero. Quizá no consigamos sacar todos los momentos que serían ideales, pero si lo tenemos como prioritario, lo podemos organizar de la mejor manera.

El que tiene un "porqué", encontrará un "como".

Por ejemplo, lo ideal sería que al salir de clase nos encontraran en casa, pero si es completamente imposible, para eso está el comedor del centro y los programas como "Refuerza" (dedicado a la atención a alumnos-as a primeras horas de la tarde en las que educadores facilitan el tiempo y espacio adecuados para acompañar a los menores en sus labores escolares.). Así el menor no está desatendido y esto se complementará con el hecho de revisar su tarea al llegar a casa, darle la merienda adecuada…, (claro que ello supone un plus de esfuerzo al llegar de nuestro trabajo…) Después hay que pasar rato con él o darle permiso para su ocio o bajar con los amigos… Es importante que estemos y que perciban un orden, que se encuentren con un progenitor que da estabilidad, que controla el hogar.

También es necesario educarles desde pequeños en la responsabilidad de la vida en común.

Deben de ir asumiendo aquello de lo que, según su edad, se tiene que responsabilizar (sus juguetes, su material escolar, el colaborar en tareas sencillas del hogar…) De esta forma aprenderán a coexistir con aquellos con los que vayan conviviendo.

Tienen que asumir unas normas y una disciplina. Esto pasará por cantidad de situaciones en las que haya que decirles que no, y que nos vean firmes, no ceder, para que no se acostumbren a manipularnos. El aguantar firmes a sus "chantajes" (berrinches) desde la niñez y no evitar el problema, hará que ganemos en autoridad, y que no surjan esos conflictos multiplicados por 100 en la adolescencia.

Reforzarles las conductas de generosidad y esfuerzo: que experimenten que la satisfacción de disfrutar del tiempo de ocio está precedida de realizar sus cometidos y responsabilidades (como el estudio y la colaboración en el hogar), que si disfrutan de beneficios materiales también compartan, en alguna medida, el esfuerzo para obtenerlos.

Estar a su lado en sus éxitos y en sus fracasos...; en definitiva, amarles bien, amarles con exigencia.

"La exigencia sin amor envilece, el amor sin exigencia entristece, pero la exigencia con amor... enaltece."

Toda persona se desarrollará en un clima propicio para disfrutar de la vida, si desde pequeño se experimenta querido, valorado y cuidado, si desde niño-a y en su corta estatura mira hacia arriba y ve a su lado la silueta de su familia, que se quieren y que le aman.

Si esto no está, falla lo más importante.

En mis años de misionero por Latinoamérica recuerdo una anécdota que me dio mucho que reflexionar. Corría el año 1994 y vivía en Medellín (Colombia), allí junto con otros compañeros realizábamos encuentros con jóvenes de barrios conflictivos. Muchos fines de semana los dedicábamos a compartir experiencias en las afueras de la ciudad con estos grupos, y en uno de estos encuentros nos acompañó una ONG de amigos que se dedicaban a rescatar a "gamines" (niños de la calle). Tenían un grupo de unos 10 niños y niñas pequeños y nos pidieron si podían venir con nosotros para aprovechar días al aire libre con ellos.

Nos pareció genial. Los niños disfrutaron mucho, eran extrovertidos y con la vivacidad de haber "vivido" tantas experiencias a su corta edad...

Ya el domingo por la tarde antes de regresar a la ciudad, estaban todos sentados en una escalera ancha que comunicaba las dos plantas de la casa. Yo pasé y le dije a uno de ellos: -"tírate que te cojo"-. El niño no se lo pensó y prácticamente voló saltando para que le recogiera. En un instante saltaban todos, uno tras otro, atropellándose. Yo pensé "ya la he liado, ahora esto es imparable", pero era estupendo el momento.

Lo que me sorprendió fue, que pasados unos instantes, noté que me costaba más tiempo dejar a los niños en el suelo después de cogerlos... se abrazaban y no me soltaban, y comprendí que si empezaron a tirarse por la emoción del juego, ahora era por el abrazo...

Me di cuenta que habían crecido abandonados, sin abrazos, que nadie de pequeños había dado VALOR a sus vidas, y pensé: "¿Cómo vamos a pedirles a estos niños cuando crezcan que valoren la vida de los otros, si nadie les ha hecho descubrir el valor que tiene la suya?

Al menos esos niños, a partir de aquel momento, tenían a su lado a los amigos de esa ONG y nos tenían a nosotros...; pero ¿cuántos otros quedaban por las calles?, y ¿a cuántos otros, sin ser "gamines", la vida les debe tantos abrazos?

En el Instituto

Hoy día en España los niño-as pasan del colegio al instituto a los 12 años (anteriormente el colegio se prolongaba hasta los 13 ó 14).

Pasan a un universo mayor. En la escuela se suelen sentir más protegidos, más "arropados", la mayoría lleva toda su infancia con los mismos profesores que les han acompañado en todo su proceso educativo: no solo llevan 7 u 8 años llamándoles por su nombre, sino que saben su historia, conocen a su familia, contribuyen en sus logros, hasta han compartido cumpleaños con ellos y con los otros niños... y ahora se encuentran en otro terreno, más grande y extraño... Conocen a algunos compañeros de su colegio, pero no todos están en su clase (a veces éstas son numerosas).

Puede ocurrir que el primer día conozcan a 6 de sus profesores, el segundo a 4 más, ¡y que pasen días hasta que el ministerio asigne al profesor de educación física o al de plástica...!

Es un cambio brusco, pasan de ser los "mayores" de su colegio, a "los más pequeños", compartiendo pasillos y patio con chicos-as de hasta 18 años.

Este va a ser su "habitat" nuevo durante los próximos 5 ó 6 años, durante toda su adolescencia.

Es el entorno donde crecerá, se socializará, formará su personalidad y siempre con el deseo de ganar autoestima y el reconocimiento de los demás.

Cuando les veo al principio del curso, los primeros días de clase, la mayoría están callados, cohibidos, con el material completo e impoluto. Como profesor he llegado a sorprenderme –gratamente- de ver muestras de respeto, cómo levantar la mano para hablar o pedir algún permiso...

Poco a poco se van perfilando los roles: los repetidores ejercen en muchos casos su papel de "veteranos de guerra", alardean de soltura y de tomarse confianzas con profesores. Frente a ellos el resto, recién llegados y vulnerables.

Pasados unos meses, se notan los cambios.

Algunos de los nuevos, quizá con más habilidades sociales, se han ido adaptando e integrando, frente a otros que uno nota que no suelen intervenir nunca, se relacionan poco y siguen cohibidos. Al lado contrario, unos pocos que estaban más tranquilos y eran hasta de los que levantaban la mano para pedir turno de hablar, se han revolucionado en su modo de comportarse: quieren sobresalir, ganar su espacio y notoriedad. A veces se les nota el cambio hasta en los signos externos: se juntan con los repetidores, se le ve más "gallitos", hasta se han hecho un piercing. Cada vez hacen más escarceos para pasarse al "lado oscuro".

A partir de aquí entramos en un sin fin de relaciones y vivencias que van a tener estos adolescentes entre ellos. Pasarán juntos hasta siete horas diarias, y así durante semanas y meses. No podemos pretender que no haya conflictos, sería una utopía; pero eso sí, tendremos que ayudarles a que desarrollen recursos positivos para convivir en paz y enseñarles a afrontar y solucionar conflictos de manera responsable y madura.

La mayoría de los conflictos los van a tener entre ellos mismos. También puede haber conflictos alumno-profesor, pero en menor medida. Vamos a empezar a analizar estos últimos en el aula para después seguir con los conflictos entre compañeros.

Disrupción en el aula

El término disrupción está tomado del ámbito tecnológico y viene a indicar la interrupción abrupta de un circuito de corriente eléctrica. Aplicándolo a la docencia vendría a ser toda aquella conducta por parte de los alumnos, que interrumpe, boicotea, y altera el ritmo normal de la clase.

En el fondo de estas conductas hay una violencia contra la autoridad, contra la figura del profesor y el sistema. Y sobre todo dos objetivos a conseguir en el autor de la disrupción:

El primero sería el aprovecharla para sobresalir ante los demás. Principalmente lo hace por dos razones, una para "ganar puntos" ante el resto de la clase, mostrándose fuerte, retador y líder ante el profesor, y otra para ser protagonista llamando la atención y haciéndose el gracioso.

El segundo sería el diferir o boicotear un periodo de trabajo y esfuerzo y sustituirlo por el "entretenimiento" o espectáculo del alboroto o conflicto.

Haciendo una serie de las conductas disruptivas más frecuentes, podrían ser las siguientes:

1. El alumno o alumnos que intentan alborotar, hacer jaleo, interrumpir para hacerse notar y decirles al resto que están "por encima" de profesor y clase:

   • Llegar notoriamente tarde a la clase, e incluso entrar de manera violenta.

   • Hablar de sus cosas con los de al lado ignorando al profesor.

   • Levantarse cuando quiere molestando al resto.

   • Mover silla o pupitre, hacer ruidos, tirar papelitos, quitar material "medio jugando" a los compañeros…

2. En la misma línea del anterior, pero en enfrentamiento directo con el profesor, no callándose y retando y cuestionando su autoridad:

- Contestar retando a lo que le dice el profesor. Por ejemplo:

  - *Te voy a poner un parte.* (Profesor)

  - *Mejor, ¡ponme dos!* (Alumno-a)

3. Hacerse "el tonto" o llamar la atención aunque los demás le critiquen o se burlen de él:

   - Comete torpezas de manera evidente.

   - Contesta lo que no es.

   - Hace preguntas a destiempo y de cosas que son polémicas o no vienen a cuento.

A partir de aquí reseñar todas las faltas de disciplina y vandalismo fuera del ámbito del aula. Alumnos conflictivos que se esconden por los pasillos para no ir a clase o fugarse del instituto, mochilas de otros compañeros que desaparecen y aparecen más tarde sin el móvil, los audífonos y el billete de transporte, clases que por descuido quedaron abiertas y aparecen con el mobiliario destrozado... Conductas de alumnos-as que ya tienen asumido su rol de "villanos"...

Cualquiera de nosotros que sea profesor podría llenar decenas de libros con ejemplos cotidianos de estas disrupciones, yo mismo podría poner más de 15 ejemplos solamente de los cuatro grupos con los que he tenido clase esta misma mañana (sin contar las guardias de patio…).

Cómo abordar este conflicto

Lo primero que hay que reseñar como docentes es que no hay "recetas", no existe un "enter" que nos dé las claves para solucionar estas disrupciones. Cada situación, protagonistas y contexto serán diferentes y, por lo tanto, las actuaciones de respuesta también.

Con todo vamos a apuntar una serie de pautas generales que nos pueden servir de ayuda.

Lo primero es saber que muchas veces los profesores podemos caer en una serie de roles según nuestro proceder con los alumnos. Así, siempre habrá profesores autoritarios, paternalistas, burocráticos (como los que delegan todas las sanciones y correcciones a la dirección del centro), laxos (que permiten demasiado a los chicos-as), etc. Una conducta más acertada debería ser la que sabe equilibrar lo mejor de algunos de estos roles.

Un profesor que tiene autoridad, sabiendo lo que dice, que es empático, poniéndose en el lugar del otro, que dialoga, pero es fiel a unas normas asumidas por todos, y sobre todo, que es profesor y no se le percibe como enemigo, sino como aliado responsable. Que mantiene una línea de trabajo y esfuerzo, pero que es flexible para que los alumnos puedan aportar sus inquietudes.

Hay que saber que lo mejor siempre es que no se llegue a dar la disrupción, y a esto puede contribuir el hecho de que la sesión de clase capte el interés y la curiosidad de los alumnos. Aquí cabe destacar que hay materias que lo tienen más fácil que otras. Personalmente creo que asignaturas como ética, religión, educación para la ciudadanía etc., favorecen un buen clima ya que se tratan temas muy atractivos y de actualidad.

Normalmente los temas de actualidad o polémicos captan la atención de la mayoría, pero sobre todo de los más líderes o disruptivos. Cuando hemos tratado un tema social a través de una película interesante, los primeros en mantener el orden son precisamente los más inquietos.

Es importante conocer que en muchas ocasiones los alumnos que inician la disrupción son los que en esa asignatura tienen tal desfase y fracaso, que prefieren boicotear a dejar evidentes sus lagunas frente a los compañeros. Si esto ocurre es bueno poder dialogarlo aparte con el alumno o que lo hagan desde el departamento de orientación, o el tutor, e incluso algún otro profesor al cual el alumno considere más cercano, para detectar correctamente el problema y acordar un trabajo adecuado...

Todo lo que sea contacto con los alumnos fuera del aula siempre creará lazos positivos, y aunque no sean la "pomada milagrosa" para evitar disrupciones, siempre serán puntos a favor.

Ya en el inicio del curso es bueno crear una serie de normas razonables asumidas y comprendidas por todos, de forma que no dejen resquicios a la disrupción y que su incumplimiento no suponga simplemente un castigo, sino el asumir las consecuencias naturales de algo acordado entre todos.

También en la medida que se pueda habrá que dar ocupación y responsabilidades según las necesidades de cada alumno, para que se experimenten de verdad protagonistas de las sesiones.

Saber descubrir las capacidades y destrezas positivas de cada alumno, y al que tenga menos motivación y autoestima, animarle permitiéndole que destaque en un ejercicio concreto que se le dé bien, diciéndole por ejemplo:

> -"¿Me dejas tu cuaderno para que estos otros compañeros vean un ejercicio bien hecho y sepan cómo hacerlo?"

Se debe llevar la clase preparada de manera amena, competitiva, y novedosa. Hay que ser muy flexible tanto en la organización del trabajo como en los espacios (equipos pequeños, ponerse en forma de "u" en las clases), sobre todo atendiendo a las circunstancias: no es lo mismo la primera hora de la mañana que la última. También se debe saber y tener en cuenta lo que han vivido durante la mañana.

Por ejemplo, a veces ha habido conflictos o circunstancias y es bueno detectarlas y destinar unos minutos a abordarlas antes que "pelearse" con ellos por exigir un silencio difícil de conseguir porque ellos acaban de vivir algo que les preocupa y acapara su atención. Después se puede reanudar la clase normal quizá con menos tiempo pero con más aprovechamiento.

Estamos convencidos de que esto es lo ideal, pero ¿qué hacer cuando los alumnos ya están cometiendo la disrupción?

Lo primero es tener un buen equilibrio, entre no permitir la conducta disruptiva y ser demasiado condescendiente: esto es, que no hay que ignorarlas, pero tampoco estar entrando "a saco" a todo detalle por nimio que sea, pues eso a veces es justamente lo que busca el disruptor.

Si notamos que el objetivo es captar la atención, no debemos permitirlo, pero debemos intentar desactivarlo sin darle la excesiva notoriedad que busca.

Ante alteración con interrupciones, ruidos, molestias, lo mejor es captar uno la atención de la clase que el alumno reclama, proponiendo en ese momento la actividad atractiva que tenías preparada...

Si persiste, llamarle la atención de manera controlada. De continuar molestando a algún compañero de clase, recordarle la norma y, por ejemplo, cambiarle de sitio donde no esté captando la atención del resto.

Si se enfrentara decirle sin alterarnos que no vamos a discutir con él, que al final de la clase hablarán.

Si la situación sigue y es maleducado, sancionarle. A veces retan hasta en eso, y al decirle que le vas a poner un parte, puede contestar que "mejor dos", aquí la tentación es entrar en su juego y decir "tres", pero se lo hemos puesto en bandeja para que él diga "cuatro" y que la clase se ría... por eso en un hipotético caso similar estaría bien contestarle: "muy bien dos, perfecto". Y cortar. Es fácil que ahora los que rían sean los compañeros de la clase pero aliados con el profesor. Es muy importante que el alumno note que no tienes nada personal con él, y que no das importancia a ese "duelo". Y siempre, hablar a solas acabada la clase.

Esto sirve para las conductas también de llamar la atención con torpezas o haciendo "el tonto". Desactivar lo más rápido posible y nunca "definiendo" al alumno por lo que hace, sino por lo que es. Por ejemplo:

Nunca debemos decirle al alumno:

- *"¡Eres tonto!"*

Sino decirle:

- *"Lo que acabas de hacer es una tontería y tú no eres tonto."*

A veces el buen humor sirve para desactivar posibles situaciones que no vienen a cuento o que distraen.

Personalmente cuando un alumno habla a destiempo y demasiado con una alumna, o cuando la "chincha" o "molesta" mucho, le suelo decir:

-"Mira (fulanito), ya sabemos que quieres ligar, pero luego, a las dos y media, cuando salgamos".

A lo que responde apartándose con rapidez: ¡Qué dices profe!, ¿yo con ésta?

O a peticiones que no vienen a cuento:

-"¡Profe, sácanos al patio!"

Se le contesta:

-"Sueña, sueña...que eso relaja".

Normalmente los otros ríen y el que lo pregunta se sonríe cómplice.

Todo esto son situaciones "controlables", pero en ocasiones confluyen factores que hacen más difícil el afrontarlas adecuadamente: chicos-as con trastornos de conducta, con una agresividad exagerada..., etc. A veces no queda más remedio que poder hacer "tiempo fuera", que salga un rato con los profesores de guardia, que se tranquilice, y después con más calma abordar el conflicto.

Hay casos donde la situación personal del alumno (como familia desestructurada...), su desmotivación hacia lo académico, su peligro de absentismo, su desfase curricular, etc., son tales que se deberá abordar el caso con el equipo de orientación del centro y proponer un plan personalizado para el alumno. Hay que contemplar la posibilidad de que pueda ser derivado a un centro más adecuado donde pueda aprovechar más, como un ACE (Aula de Compensación Educativa), un tipo de centro de la Comunidad de Madrid donde se desarrolla un programa que combina conocimientos adaptados al desfase del alumno con prácticas de alguna actividad profesional de talleres (cocina, peluquería, jardinería, etc.).

Veamos ahora un **decálogo para desactivar la disrupción**, basado en el elaborado por el equipo de la psicóloga educativa María José Díaz Aguado:

DECÁLOGO

1. **Reconocer que no hay una "receta" simple que funcione automáticamente,** todo hay que adaptarlo según el contexto.

2. **Ayudar a mantener la atención del alumnado por medio de dinámicas adecuadas.**

3. **Desarrollar alternativas positivas en el contexto escolar con las que conseguir lo que se busca con el comportamiento disruptivo y enseñar a rechazarlo.**

4. **Desarrollar habilidades alternativas en el alumnado que le permitan aprovechar las oportunidades positivas del contexto escolar.** Ayudarles a resolver conflictos de convivencia y dificultades de aprendizaje de manera adecuada.

5. **Que el alumnado sea protagonista en la elaboración de las normas de la clase.** Potenciando la identidad de grupo, conseguir que cualquier disrupción quede en evidencia, no siendo aceptada por la mayoría.

6. **Cuidar el lenguaje no verbal,** teniendo en cuenta que a través de dicho lenguaje se expresan emociones que pueden incrementarlo o reducir la disrupción.

7. **Evitar los enfrentamientos directos.** Saber desactivar los conflictos no entrando en una escalada coercitiva.

8. **Utilizar el conflicto como una oportunidad para enseñar a resolverlos adecuadamente.** Es muy conve-

niente para esto "la mediación", como herramienta para resolverlos y que explicaremos más adelante en este libro cuando abordemos el apartado de "conflictos entre compañeros".

9. **Si el comportamiento disruptivo es muy grave, aplicar medidas que garanticen el cumplimiento de la norma, la reparación y la reinserción emocional y educativa del transgresor.**

10. **Garantizar la cooperación entre el profesorado** para conseguir el apoyo mutuo en técnicas de mejoras pedagógicas y en reducir la tensión que la disrupción les puede ocasionar.

Es muy importante este último punto, pues la cooperación entre docentes es decisiva. En los institutos en los que he trabajado, hemos colaborado, por iniciativas espontáneas, en la formación de grupos de trabajo compartiendo experiencias positivas de manejo de la clase y estrategias para afrontar los conflictos de manera eficaz.

Hasta aquí las pautas o líneas que pueden ayudar a los docentes, aunque todos sabemos que muchas veces uno reacciona por intuición y eso no se aprende en los manuales, más bien lo proporciona la experiencia.

En referencia a esto último me viene a la memoria la vivencia contada por el escritor Frank McCourt (autor de "Las cenizas de Ángela"), en su libro "El profesor", cuando comenzaba a enseñar lengua y literatura, en un instituto de secundaria de Nueva York, allá por el año 1958; era su primer día de clase:

"Entran en el aula a empujones...

(...) Petey arrojó su bolsa de bocadillo de papel marrón a Andy, y toda la clase lo aclamó. Pelea, pelea, decían. Pelea, pelea (...) Me acerqué a Petey y dije mi primera frase como profesor:

-Dejad de tirar bocadillos (...)

Benny dijo en voz alta desde el fondo del aula:

-Oiga, profe, ya ha tirado el bocata. ¿Para qué le dice ahora que no tire el bocata? El bocata ya está en el suelo.

La clase rió. (...) y se pusieron a esperar mi reacción. ¿Qué hará este profesor nuevo? (...)

Me comí el bocadillo. (...)

Me chupé los dedos. Dije "ñam", hice una bola con la bolsa y el papel de estraza y la tiré a la papelera. La clase me aclamó (...). ¿Habéis visto? Se come el bocadillo. Acierta en la papelera. Uaau.

Mis alumnos siguieron sonriendo hasta que vieron la cara del director enmarcada en la ventanilla de la puerta. Abrió la puerta y me invitó a salir con un gesto.

-¿Hablamos un momento, señor McCourt? (...)

Cuando salí al pasillo, me dijo:

-Estoy seguro de que entiende, señor McCourt, que no causa buena impresión que los profesores se coman el almuerzo a las nueve de la mañana, en el aula y delante de estos chicos y chicas. ¿Su primera experiencia como profesor, y usted opta por empezarla comiéndose un bocadillo?, ¿le parece un acto adecuado, joven?. (...)

-El director dijo: pruebe a enseñar. Para eso está aquí, joven. Para enseñar. Ahora tiene que recuperar el terreno perdido. Eso es todo. Nada de comer en clase, ni profesores ni alumnos.

Yo dije –sí, señor-, y él me invitó a entrar de nuevo en el aula con un gesto.

-¿Qué le ha dicho? Me preguntaron los alumnos.

-Me ha dicho que no debo almorzar en el aula a las nueve de la mañana.

-No estaba almorzando.

-Ya lo sé, pero me vio con el bocadillo y me dijo que no volviera a hacerlo.

-Hombre, eso es una injusticia.

-Le diré a mi madre que su bocadillo le ha gustado-dijo Petey-. Le diré que se ha metido usted en un buen lío por su bocadillo. (...)

-Dile que era el bocadillo más rico que he comido en mi vida, Petey.

-"Vale."

("El profesor". Maeva ediciones 2006, pags. 12-14).

Conflictos entre compañeros

La carencia de habilidades para enfrentar los choques y las diferencias pueden desembocar en la violencia, ya sea verbal o física.

Según los datos de la "Evaluación de la Convivencia Escolar en la Educación Secundaria Obligatoria" (estudio realizado por expertos de la Universidad Complutense de Madrid en diversos centros de secundaria, tomando como muestra a más de un tercio del alumnado y profesorado de cada centro), el mayor número de problemas de convivencia son los enfrentamientos (discusiones, insultos, peleas...) entre compañeros.

Según el mismo estudio, estos enfrentamientos y peleas se producen en su mayor parte en el patio del instituto, seguido de las aulas y pasillos.

El número de estos conflictos, según las edades, nos indica que se dan en más del 60% en el primer ciclo de ESO, estos son el 1° y 2° curso, oscilando las edades desde los 12 años a los 15 (incluidos los repetidores).

Muchas veces se juntan diversos factores que dificultan la convivencia:

• El elevado número de alumnos por clase. Los alumnos pasan diariamente unas siete horas seguidas en el centro. Algunos de estos centros están efectivamente masificados, puesto que por mucho que las "Ratios" (número de alumnos por clase) se ajusten a la legalidad, habría que preguntar si ese número responde a criterios pedagógicos (los que deben primar), o a otro tipo de intereses que se anteponen.

- Los espacios no son los adecuados. Las aulas son en muchas ocasiones pequeñas físicamente para el número de alumnos. En el instituto donde yo ejerzo docencia no hay salón de actos, ni siquiera un aula o sala donde reunir a varios grupos. Los profesores, que somos más de 70, nos reunimos en el pasillo más largo y ancho que tenemos.

- También en muchos centros se atiende a una gran diversidad de alumnos. Muchos son de educación compensatoria (que tienen un desfase evidente a nivel de contenidos), de integración (diagnosticados con alguna dificultad para el aprendizaje), otros son recién escolarizados durante el curso y de éstos algunos no controlan bien el castellano (por llegar de países diversos)...

- La diversidad es una riqueza, pero debe ser atendida en sus necesidades y particularidades. Por ejemplo, si se reduce el personal de profesores que atienden específicamente a este tipo de alumnado, estarán "perdidos" en la clase... Los alumnos extranjeros también lo estarán si desaparecen las "aulas de enlace" (programa pedagógico que cuenta con profesores destinados a alumnos que no conocen el idioma y la cultura española)...

Si ya la convivencia no es sencilla en muchas ocasiones para los adultos, no es de extrañar que surjan roces entre adolescentes que comparten tiempo y espacio en condiciones que no son todo lo idóneas que se desearían.

Pero para ser honrados estoy seguro que en las condiciones externas más ideales habría conflictos. Valga como prueba que, a veces, los casos más extremos de violencia o acoso se han dado en centros dotados de los mejores recursos.

Por eso hay que incidir en que, la mayoría de nuestros jóvenes, al estar en formación de su personalidad, carecen de las habilidades sociales necesarias para evitar o afrontar cabalmente los conflictos. Esto unido a la influencia de una sociedad y medios de comunicación, en los que desgraciadamente está muy presente la agresividad, hace que, en muchas ocasiones, se multipliquen los conflictos, y se recurra a la violencia como modo de abordarlos.

En los años en que vengo trabajando con adolescentes, he sido testigo diario de decenas de conflictos de lo más variopinto: desde el originado por la discusión más trivial y puntual, hasta alguno que llega a enquistarse y prolongarse en el tiempo.

Por ejemplo, un alumno llama la atención a otro por que quiere escuchar el aviso que está dando el profesor:

-*"¡Cállate que no dejas oír!"*

A lo que el otro responde, pero con un "añadido":

-*"¡Cállate tú gilipolllas!"*

Y desde este punto el nivel puede ir subiendo hasta llegar a más insultos o a inicio de pelea...

Otras veces me ha tocado separar a dos chicas que ya se habían "agarrado" en el patio y se estaban tirando del cabello y dándose patadas. Una vez separadas con la ayuda de los profesores de guardia del recreo y disuelto el tumulto y aglomeración de "espectadores", hablando con la que presuntamente inició la pelea me dice:

-Profe, es que me ha mirado mal y le he dicho que qué (c..) estaba mirando.

Muchas veces son impulsivos y responden con acciones derivadas del estado de ánimo o del humor del momento.

> He tenido que separar en algún pasillo a chicos que comenzaban a pelearse. Después al calmarse un poco y preguntarles qué había pasado, el ofendido que primero reaccionó con violencia, me asegura:
>
> *-¡Éste!, ¡que estoy yo normal y me ha empujado por detrás!*
>
> Cuando uno ha sido testigo que el que reclama, ha hecho eso mismo cientos de veces con la otra persona y con otros de clase, solamente que ese día él no estaba de humor para aguantarlo (aquí habría que recordarle que lo mismo puede que sientan los otros cuando no "están bien" y él juega a empujarles...).

Distinto son los episodios en los que un enfrentamiento no se llega a desactivar y se le suman malos entendidos, o la influencia de terceras personas que con sus comentarios echan más leña al fuego.

¿Por qué tanta agresividad?

Análisis de los últimos 25 años advierten un aumento de la agresividad entre los jóvenes (tan solo en el Reino Unido se calcula que llegan al medio millón los adolescentes gravemente problemáticos). Y en España los adolescentes en centros de reinserción actualmente fluctúan en alrededor de los 30.000. Las agresiones a profesores también han aumentado, y del incremento de la violencia hacia los padres ya hablamos en el capítulo anterior.

Características personales

Los estudios de la psicología evolutiva coinciden en que los niños pequeños son más violentos que los adolescentes (entendiendo esta violencia como patadas, puñetazos, empujones, mordiscos, arañazos...).

Profundizando en esta línea se advierte que es en los dos primeros años de vida cuando se produce el mayor número de conductas violentas, y que son más frecuentes en los niños que en las niñas. Estas conductas se van transformando a medida que pasan los años y se inicia el proceso de socialización.

En cuanto a los aspectos personales de cada individuo que influyen en que aparezcan en mayor o menor medida estas conductas, destacan características como la un carácter impulsivo y temperamental, y la incapacidad para diferir la gratificación.

Un factor proporcionalmente inverso a la agresividad es la empatía (capacidad de ponerse en el lugar del otro.). Ésta es algo muy débil en los niños pequeños, pero se puede hallar plenamente hacia los 12 años.

Otro factor es la inteligencia. Ser inteligente es en esencia la capacidad de encontrar solución a los problemas (intelectuales y prácticos de la vida). La violencia no soluciona nada, sino que pospone, ahonda, o perpetúa un conflicto, por eso las personas más inteligentes no solucionan sus problemas con la violencia.

Resumiendo: una conducta inteligente, la capacidad de diferir la gratificación, la empatía y la autoeficacia para conseguir logros mitigan las conductas agresivas. Al contrario la ira, la dificultad para diferir la gratificación y conseguir logros y los problemas de aprendizaje, son caldo de cultivo para que germinen conductas violentas.

A estas características personales hay que añadir los factores de la educación recibida y la influencia de los modelos sociales imperantes.

Influencia de las familias

El mundo emocional, que es el motor de posibles conductas agresivas, se crea en el ámbito familiar.

Este ámbito es el "mirador" o "palco vip" primero y primordial desde el que contemplar cómo viven y reaccionan sus mayores, sus seres queridos ante las circunstancias vitales que les llegan.

La violencia en las conductas del hogar es el elemento social más poderoso para la inculcación de la agresividad como respuesta a los inconvenientes y dificultades del día a día.

El crecer en un clima afectivo positivo, acompañado de un control adecuado de normas, produce en los adolescentes el mitigar las conductas agresivas y promover la empatía y una conducta emocional positiva. Al contrario, los adolescentes que desde la niñez han sido educados en la violencia o en su permisividad, se convierten en agresivos.

• Lamentable es ver cómo un hombre pierde los nervios dentro del automóvil insultando a otro conductor, siendo sus hijos pequeños, testigos de ello desde el asiento de atrás...

- Lamentable es el escuchar afirmaciones discriminatorias o racistas en algunos niños y jóvenes y que son evidentes pruebas de los criterios oídos en el hogar.

- Lamentables y condenables son todas las conductas agresivas de violencia en el hogar, ya sea verbal, física o psicológica que los pequeños graban en su memoria para toda su vida...

Desde el punto de partida emocional que reine en la familia, se derivará la cascada de consecuencias hacia la agresividad o hacia la empatía.

La familia conflictiva está más abocada al fracaso escolar de sus hijos. En ella se acumula la falta de apoyo, la ausencia de supervisión y cuidados...

Un ambiente brusco, sin normas, violento, está reñido con todo lo que suponga la paciencia y el orden, para crear hábitos de esfuerzo que redunden en conseguir logros positivos.

A esto hay que añadir las influencias de los modelos sociales, sobre todo los imperantes en los medios de comunicación.

Influencia de TV e Internet

La permisividad de nuestra sociedad hacia conductas violentas se transmite por la televisión y por los modelos que a través de ella se proponen y aplauden.

Muchos programas y películas muestran que ser agresivo es la manera más eficaz para alcanzar lo deseado a corto plazo. El niño y el adolescente se "alimentan" de esos mensajes a diario y durante horas...

Antiguamente la imagen era un complemento de la palabra, del discurso..., pero hoy día vivimos inmersos en una cultura "audiovisual" en la que lo "visual" le va ganando más terreno al "audio", puesto que la imagen es más inmediata, más directa, actúa más intensamente sobre los sentidos y exige menos esfuerzo de pensamiento y concentración para entenderse. (*Una imagen vale más que mil palabras.*)

Así pues, con la televisión se capta más fácilmente la atención para transmitir una información o un mensaje. Pero aquí llegamos a una circunstancia de las últimas décadas en relación con el mundo de la TV: la proliferación de distintas cadenas con la consiguiente competencia.

Mostrar conflictos y violencia es, por desgracia, una forma generalizada de captar audiencia, y el "todo vale", en muchas ocasiones, se hace evidente. Mayor audiencia supone mayor ganancia económica puesto que el precio de la publicidad depende del número de destinatarios –posibles clientes- que la cadena ofrezca como reclamo al anunciante. La agresividad, polémica y conflictos en un programa captan a mucho público ávido de emociones fuertes y espectáculo.

Es de notar cómo en la mayoría de programas de debate y vida social, interviene –ya como fijo- algún tertuliano cuyo cometido específico va a ser crear polémica. No es extraño observar cómo en las discusiones no dudan en insultar, faltar al respeto, amenazar e incluso, en ocasiones puntuales, se llega a la agresión física...

También es frecuente ver cómo un modo de comportarse conflictivo pero que dé "vidilla", puede hacer que el participante de un "reality show" sea elegido para perdurar en el programa antes que otro más cabal pero que no sea polémico y ni espectacular.

Analizando estos programas e imágenes de violencia, los estudios afirman que su influencia no es igual en todos los telespectadores. Es mayor en las personas más predispuestas a ser violentas de por sí.

Este es el perfil más vulnerable hacia los contenidos violentos de la TV:

Jóvenes con una gran pasividad y desmotivación para el esfuerzo con ausencia de acatar normas y autoridad de los adultos, falta de empatía y sensibilidad hacia el dolor ajeno y un "hedonismo exacerbado e inmediato" (es la incapacidad de diferir la gratificación, de comprender que la recompensa depende del trabajo y el esfuerzo bien orientado...).

Por ejemplo, hay una obsesión por poseer lo que se desea a ultranza y de manera inmediata. Hay un intenso interés por el último modelo de móvil, por la ropa de marca, cueste lo que cueste.

Hay chicos-as que por encima de la precaria situación económica de sus padres, exigen todo esto y sin dilación. Puede que no acuda con el material de clase, pero tiene el último modelo de mp3 o 4..., para escuchar música debajo de la gorra y no aburrirse en clase...

Son chicos-as sin expectativas de futuro y desdén hacia una formación académica y cultural que exige mucho esfuerzo... (lo malo es que en la vida real no se puede hacer "zapping" para vivir algo según el propio deseo). Y si esto es en la TV, hoy día el fenómeno Internet ha disparado una influencia más difícil de controlar. Si escribimos la palabra "violencia" en un buscador de Internet, es fácil que consigamos obtener más de 100.000 entradas, y con una variedad total: violencia en el fútbol, en las guerras, juvenil, doméstica, animal... Hay toda clase de géneros: información, videojuegos, videos musicales, pornografía, apuestas, publicidad, reportajes, películas, chats, redes sociales...

La televisión, a veces está en cada cuarto, pero es más normal que haya un uso familiar y compartido. Sin embargo el ordenador tiene un uso más individualizado, en la casa, en un portátil, locutorio, incluso ahora en el mismo teléfono móvil. Esto supone que los contenidos son más difíciles de supervisar por los padres...

Si se quiere no habrá barreras para que entre lo público en nuestro uso de Internet, y si se quiere, tampoco las habrá para difundir y exponer el ámbito privado a una audiencia multitudinaria...

Por eso las posibilidades son tan enormes que se trata de que los adolescentes tengan normas y criterios de búsqueda. Hay que saber por qué buscan lo que buscan y tratar de que eso que sea idóneo para su educación. Y lo mismo sobre el por qué muestran lo que muestran de ellos.Es un problema el consumo indiscriminado de contenidos violentos o que atenten contra la dignidad de las personas. Si el visionado se hace como "normal", cada vez se demandarán contenidos más fuertes...

Y aquí en la cima de la conducta negativa es cuando el espectador se convierte en cómplice de esa violencia en la "visualización" obscena de agresiones crueles a compañeros, y peor si es él es el que lo "cuelga" o reenvía. Esto supone la despersonalización de la víctima y la trivialización del terrible episodio que llega a ser mercancía deshumanizadora de espectáculo.

Cómo abordar estos conflictos

En el apartado anterior apuntábamos la influencia de modelos familiares y sociales positivos para mitigar la conducta violenta entre los jóvenes como modo de afrontar los conflictos.

Debemos contribuir todos, y en todos los ámbitos, para hacer que la empatía gane terreno en las relaciones y percepción con los demás, en todas las circunstancias de la vida, y sobre todo en los momentos de conflictividad.

Si desde pequeños en casa nos han mirado y tratado con valor e importancia, y hemos visto que nuestros padres tenían esa visión "empática" hacia los demás, esto es: considerar, respetar, comprender a los demás. Y hemos sido testigos de cómo han afrontado problemas y conflictos desde el diálogo, sin cerrarse en sus posturas, y buscando soluciones que integren diversos puntos de vista a tener en cuenta.., será la base más importante para que mitiguemos conductas agresivas.

En cuanto a la influencia de los medios de comunicación es importante que la <u>familia</u> esté por encima de la TV, y no hacer de ella el centro neurálgico de reunión del hogar. Es ideal cultivar otras aficiones más creativas en las que participar de manera más activa, como por ejemplo practicar actividades al aire libre, deportivas, un ocio con juegos de mesa o competitivos que estimulen la inteligencia y la diversión.

Enseñarles a elegir programas (no poner la tele "para ver lo que echan" y "zappinear" indiscriminadamente), a armonizar la TV con la vida diaria estableciendo de manera consensuada en un horario adecuado (acostumbrándoles a que no hagan sus tareas frente al televisor encendido). Contagiarles la pasión por el buen cine. No poner TV en los dormitorios infantiles, ni en los de los adolescentes, pues es el espacio para estudiar, jugar y dormir. Y saber que el uso de la TV puede ser un buen recurso, para pasar buenos ratos en familia compartiendo emociones en buenas películas, retransmisiones deportivas, o programas interesantes educativos para todos.

En cuanto a Internet, si hemos apuntado que es preferible no tener TV en los cuartos, aún lo es más en lo que se refiere a los ordenadores, se trata de regular las sesiones de trabajo, ocio y comunicación (chats) dentro de un horario, que sería difícil de conciliar si el ordenador está en la habitación.

Y en general, en cuanto a este medio, como todo, depende de cómo se use.

Internet puede darnos acceso a contenidos violentos, a la pornografía, al odio y racismo, pero también puede ser un instrumento eficaz para luchar contra todo eso. Cuánto bien han hecho las campañas de denuncia de la violencia de género, por ejemplo. También la exhibición de vídeos de los excesos de gobernantes corruptos o abusos de poder ha contribuido a que prevalezcan causas acordes con la justicia.

Por ejemplo, actualmente se difunde por Internet la imagen de uno de los más sanguinarios "señores de la guerra" que secuestraba niños en África para obligarles a ser soldados, para que se sienta acosado, cesen sus crímenes y pueda ser enjuiciado.

Cuántas iniciativas, programas de ayuda, difusión de ideas ingeniosas de solidaridad que conocer y poder sumarse... Se hacen necesarias nuevas pautas en las familias y en las escuelas que permitan a niños y adolescentes el obtener mayores y buenos criterios para el uso de Internet, para que a mayor formación haya a la par más autonomía de uso. Todo lo que sean conductas positivas e integradoras que "empapen" al adolescente en la familia y su entorno, contribuirán a hacer de éste alguien más empático y menos agresivo.

También el ambiente general del instituto debe contribuir a proponer *actividades positivas* y enriquecedoras para los chicos-as. Un ambiente distendido y dinámico contribuirá a ello, puesto que a veces el dejar a un elevado número de adolescentes "a su suerte" en patio y pasillos del centro puede ser un gran riesgo. Desde la experiencia de diversos institutos en los que he participado, algunas actividades son de gran eficacia para crear estos ambientes positivos:

• *Recreos deportivos.* En los cuales se puedan organizar en las canchas del patio partidos por grupos, de competición que despierten el interés general del patio. En los últimos meses hemos organizado un "mundialito" de fútbol-sala, aprovechando las 28 nacionalidades presentes en nuestro instituto. También creando un equipo de profesores que participaba...

• *Creación de compañía artística.* Los departamentos de música, plástica y lengua y literatura, sobre todo, pueden contribuir a crear estas empresas que extraigan los talentos artísticos de los alumnos interesados, y que de cara a presentaciones de final de curso, se reúnan en recreos y ratos libres para ensayar.

• *Excursión al inicio de curso de los alumnos de 1° de ESO.* Para que pasen un día de convivencia con los compañeros de su clase y resto de alumnos-as de su nivel. Es importante para conocerlos y que al ser nuevos en el centro se relacionen entre ellos de manera lúdica e integradora.

• *Preparación de fiesta de Navidad* con un mercadillo de comercio justo, y rifa de regalos donados, con el objetivo de sacar dinero para los viajes de fin de curso. (Final del primer trimestre).

• *Preparación de fiesta intercultural "Convive".* En la que los alumnos preparan y realizan presentaciones de los países cuya nacionalidad está presente con representación de alumnado en el instituto. Paneles con sus mapas, banderas, personajes del mundo intelectual, de las artes, deportivo. Degustación de gastronomía, folklore... El resto participa en una gymkhana compuesta de pruebas relacionadas con los distintos países. Hay talleres de danza, de artesanía, de ajedrez, la final del mundialito de fútbol... La mañana culmina con un "bingo de países" con premio a la línea y al bingo. Los alumnos presentan la riqueza de sus países de origen y hay una gran interacción cultural. (Final del segundo trimestre).

- *Fiesta de fin de curso,* con presentaciones de la compañía artística del propio centro. Entrega de diplomas de reconocimiento.

- *"Aula+plus".* Durante el año se va puntuando a las clases que cuidan el orden, la limpieza, la decoración con murales y trabajos. Reciben como premio una excursión lúdica.

- *Se dinamiza el Carnaval.*

- *Concursos literarios.* En la biblioteca durante el curso, y especialmente el 23 de abril, día del libro.

- *"Camino de Santiago".* El departamento de religión realiza esta actividad abierta a todos los alumnos mayores.

- *Actividades en el centro por la tarde.* Campeonatos escolares, club de los deberes, biblioteca abierta.

- *"Filandones".* Noches en que se realizan "maratones" de cine en el gimnasio del instituto. El término proviene del nombre que se daban a las noches en que los habitantes de zonas de El Bierzo en la provincia de León contaban historias al calor del fuego de la cocina, mientras las mujeres "hilaban". Se hace con alumnos mayores y es muy enriquecedor.

Además se organizan otras muchas actividades más destinadas también a los profesores, como el "amigo invisible", el día del libro, en que nos regalamos libros de esa forma anónima..., etc.

Todo esto hace que el lugar donde nos pasamos "media vida" sea más fructífero y agradable.

Para todo ello, lo más importante son los recursos humanos: profesores implicados y profesionales que, a su vez, activen a los alumnos para que ellos sean los que pongan "en marcha" el centro. Y equipos directivos que apoyen todas esas iniciativas. De aquí la importancia que desde las administraciones no mermen este potencial humano imprescindible y apoyen la estabilidad de las plantillas, sobre todo en los centros de especial dificultad.

"El equipo de convivencia y mediación".

Una experiencia totalmente positiva en todos los institutos donde se ha creado, es la formación de un grupo de convivencia y mediación de conflictos.

Este equipo compuesto por profesores y alumnos, es el grupo catalizador de la mayoría de las actividades expuestas anteriormente, y núcleo dinamizador de acciones para la convivencia positiva.

Los profesores y alumnos integrantes acceden al grupo de forma voluntaria y se forman para adquirir los conocimientos y destrezas para manejar "la mediación" como canal para la resolución de conflictos en el centro.

La mediación de conflictos

Qué importante es que los adolescentes lleguen a tener capacidad de empatía. La mediación es un método para la resolución de conflictos, que ayuda a los adolescentes a activarla A continuación comentaré una experiencia que me sirvió mucho para comprender y valorar esta capacidad:

> Estaba en el segundo año de magisterio, y una compañera matriculada ese año en nuestra facultad, me pidió el favor de dejarle unos apuntes. Yo se los dejé. El caso es que al poco volvió a faltar, con lo que me había fastidiado el tiempo ideal para estudiar sin agobios (además me los devolvió bastante deteriorados...).
>
> No le dije nada, pero estaba enfadado.
>
> Un día, salíamos en grupo, me acerqué y comencé a hablar con ella. Al poco yo le pregunté que por qué llevaba ese ritmo de asistencia tan descontrolado, y me sinceré diciéndole que la mayoría no se relacionaba con ella, porque la veían como un problema si pedía el favor de los apuntes.
>
> Entonces ella empezó a contarme que no podía compaginar el horario de clases con la atención a un niño pequeño que tenía. Hacía un año había tenido un hijo, el padre se había desentendido, sus padres eran algo mayores y ella trabajaba unas horas y había decidido intentar retomar los estudios pensando en el futuro...
>
> Yo me di cuenta de cuánto puede haber detrás de cada persona... En el rato que seguimos caminando, se me ocurrió que podíamos hacerle fotocopias cada cierto tiempo, y tenerlas listas los días que ella calculara asistir. Así quedamos y nos despedimos.

Hasta que llegué a casa fui pensando en lo importante que había sido dar el paso para conocer algo de la otra persona. Si no me hubiera acercado a esa chica seguiría siendo "la problemática de los apuntes", y tampoco habría tenido la oportunidad de "ponerme en su lugar" y comprenderla.

Cuando viví esta experiencia, yo tenía 19 años, y quizá algo desarrollada la empatía. Por eso, qué importante es, lo que ayude a los adolescentes a ejercitarla, y muy rico también todo lo que posibilita la mediación de conflictos, en relación a esto.

Pero hay que dejar claro lo que se entiende por un conflicto:

"Son situaciones en las que dos personas o más, entran en oposición o desacuerdo porque sus posiciones, intereses, necesidades, deseos o valores son incompatibles o son percibidos como incompatibles. Juegan un papel importante los sentimientos y las emociones, y la relación entre las partes puede salir robustecida o más deteriorada en función de cómo sea el proceso de resolución."

Y también lo que es la mediación:

"Es la intervención no forzada en un conflicto de una tercera persona neutral para ayudar a las partes implicadas a que lo transformen por sí mismas."

Se trata de ayudar a crear un espacio de diálogo que ayude a las dos partes en conflicto a encontrar una solución.

Características de la mediación:

• Voluntariedad de las partes.

• Esfuerzo de las partes por comunicarse, comprenderse y llegar a acuerdos juntos.

- Intervención de los mediadores ayudando a las partes a dirigir este esfuerzo de comunicación.

Funciones de los mediadores:

- Controlan el proceso pero no los resultados, que quedan en manos de las partes.

- No tienen que asumir la responsabilidad de transformar el conflicto.

- Ayudan a las partes a identificar y satisfacer sus intereses y les abren el camino a comprenderse y a sopesar sus planteamientos.

- Contribuir a que se genere confianza entre las partes y en el proceso.

- No juzgar a las partes. Estar atentos a los valores por los que se guían las partes.

- Proponer procedimientos para la búsqueda conjunta de soluciones.

Finalidad de la mediación:

- La manera de resolver el conflicto es lo más importante.

- La mediación busca un acercamiento y estrechamiento de la relación de las partes.

Ventajas de la mediación:

- Se crea un ambiente más agradable y productivo.

- Contribuye a desarrollar actitudes de interés y respeto por el otro.

- Disminuye el número de conflictos y, por lo tanto, el tiempo dedicado a resolverlos.

- Se reduce la intervención de los adultos que es sustituida por alumnos mediadores.

- Ayuda a reconocer y a tener en cuenta los sentimientos, intereses, necesidades y valores propios y de los otros.

- Aumenta el desarrollo de actitudes cooperativas en el tratamiento de conflictos, buscando soluciones satisfactorias para ambos.

- Desarrolla la capacidad de resolución de conflictos de forma no violenta.

- Contribuye al desarrollo de la capacidad de diálogo y a la mejora de las habilidades de comunicación.

- Ayuda a optimizar las relaciones orientándolas hacia un acercamiento entre las partes.

- Favorece la autorregulación personal a través de la búsqueda de soluciones autónomas y negociadas.

- Se reduce en gran medida el número de sanciones y expulsiones (aunque no es sustitutivo de ellas).

Fases del proceso de mediación:

FASES DEL PROCESO DE MEDIACIÓN
PREMEDIACIÓN
Fase previa. (Día anterior a la mediación) Se contacta con cada parte, se pregunta acerca del conflicto. Se les explica lo que es la mediación y que si les gustaría intentar utilizarla para solucionar el problema. Si asienten se concreta momento y lugar para hacerla.

PRESENTACIÓN Y REGLAS DEL JUEGO
Presentaciones personales, explicando cómo va a ser el proceso. Recordar la importancia de la confidencialidad y su colaboración, siendo sinceros y honestos. Aceptar unas normas básicas: respetar el turno de palabra, no interrumpirse, no utilizar un lenguaje ofensivo, no descalificar…
CUÉNTAME
El objetivo de esta fase es que las dos partes expongan su versión del conflicto y expresen sus sentimientos (que puedan desahogarse y sentirse escuchados). El mediador intentará ayudar a que se centren en el verdadero problema, no en el detalle y que pongan sobre la mesa los temas importantes del conflicto. Escuchar atentamente las preocupaciones y sentimientos de cada parte. Apoyar el diálogo entre las partes para asegurar que cada uno escucha cómo ha vivido y sentido el problema.
ACLARAR EL PROBLEMA
Animar a que cuenten más, a que se desahoguen, evitando la sensación de interrogatorio. Que las dos partes lleguen a consensuar cuál es la raíz del conflicto y lo más importante, que se pongan en el lugar del otro una vez que ya saben por qué actuó así y como se sintió. Concretar los puntos que si se tratan, pueden desbloquear el conflicto y avanzar hacia un entendimiento y acuerdo.
PROPONER SOLUCIONES
Facilitar la espontaneidad y creatividad en la búsqueda de ideas o soluciones (lluvia de ideas). Explorar lo que cada parte está dispuesta a hacer y le pide a la otra parte. Resaltar los comentarios positivos de una parte sobre la otra. Pedirles que valoren cada una las posibles soluciones. Solicitar su conformidad o disconformidad con las distintas propuestas.

LLEGAR A UN ACUERDO

Ayudar a las partes a definir y plasmar claramente el acuerdo. Éste ha de ser realista, concreto, equilibrado, aceptable por ambas partes y evaluable a corto y largo plazo.

Redactado por escrito y así se evita el olvido, las malas interpretaciones y se facilita el seguimiento. Felicitar a las partes por su colaboración. Hacer copias del acuerdo para cada parte y archivar el original.

Si se ve conveniente, dejar pasar una semana o dos para reunirse de nuevo y comentar cómo ha seguido el proceso (en muchas ocasiones, no es necesario).

La participación como miembro del equipo de convivencia y el proceso de formación como mediadores.

Si bien la participación como alumno-a miembro del equipo es voluntaria y abierta a todos, lo ideal es que el grueso de los integrantes sean de los cursos 2º, 3º, o 4º de ESO (15-17 años), en el primer curso todavía son pequeños, aunque ya podemos contactar con los interesados como referiremos a continuación. A partir de 2º ya tienen más experiencia en el centro y aseguramos unos años de permanencia en el instituto para desarrollar su cometido.

En el último trimestre del primer curso, un recurso para contactar con posibles candidatos es el realizar una sesión de tutoría en la clase en la que se les proponga, después de exponer la realidad de conflictos en el instituto y dialogar algo sobre ello, que escriban voluntariamente en un folio y de manera anónima, el nombre de alguien de la clase que, si ellos tuvieran un problema, dificultad, o conflicto, confiarían en él para decírselo y contar con su apoyo. Después de recoger los datos, en otro momento se puede contactar con los más elegidos y proponerles si quieren participar como miembro del equipo de convivencia. Normalmente asienten.

La formación comenzará por sesiones en las que se profundiza en todos los valores positivos para la buena convivencia. También en el conocimiento y manejo de técnicas de lenguaje asertivo.

Es conveniente que los padres o tutores estén en conformidad con la participación de sus hijos. Conviene realizar alguna reunión explicativa con ellos, o bien darles una carta informativa y de consentimiento, y ponerse a su disposición para cualquier duda.

Las sesiones de formación deben ser en un principio en horario lectivo –bien coordinadas con la dirección del centro- y si es posible saliendo a algún espacio fuera del instituto (centro cultural, salas municipales...) Esto es algo que motiva mucho a los alumnos y ayuda a cohesionar el grupo.

Más adelante se pueden proponer sesiones formativas utilizando alguna hora de la tarde, esto ayudará a filtrar a los más interesados en la ventaja de "perder" clases que en el propio grupo, y al resto les aportará responsabilidad.

Una experiencia positiva en las sesiones de este último año, fue la decisión de quedarnos con el grupo en el centro hasta las 17:00 horas de al tarde, empezamos la formación a sexta hora lectiva y solicitamos que nos trajeran pizzas para la comida, siendo la experiencia muy positiva, divertida y fructífera. Además coincidió la salida del total de alumnos para sus casas con la llegada de las pizzas para el grupo, despertando sorpresa e interés en todos ellos.

En sesiones posteriores se puede ir introduciendo lo que es la mediación, sus objetivos, sus fases, su metodología, sus ventajas, etc. Para ello hay gran material audiovisual que dramatiza conflictos y mediaciones y ayuda a visualizar todo un proceso completo, desde el origen del conflicto hasta su solución.

A partir de aquí se pueden "entrenar" mediaciones ficticias en las que los alumnos se repartan los roles de las partes y de los mediadores dramatizando la resolución de un conflicto, y abriendo el diálogo entre todos para evaluar la intervención, reconocer las buenas actuaciones y aportarnos mejoras.

La dinámica posterior será la de participar en algunas mediaciones reales como observadores acompañando a profesores o alumnos veteranos. Poco a poco podrán hacerse cargo de algunas, en un principio mejor por parejas, para que se apoyen y aporten criterios después.

En mi centro, los profesores del equipo disponemos de un cuaderno de mediación que elaboramos nosotros mismos, y que recoge los contenidos teóricos y las actividades prácticas para la formación de mediadores, le hemos titulado "Medialogando", y lo facilitamos a todos los miembros como material de apoyo.

Cómo detectar e intervenir en conflictos.

Es importante que el alumnado conozca la existencia del grupo de convivencia y mediación. Para ello es práctico que una pequeña delegación de integrantes pase a principio de curso por las clases, presentándose, explicando en qué consiste, que pueden recurrir a él si tienen algún problema o inquietud, y, que si están interesados, pueden formar parte de él.

A veces hay alumnos que recurren directamente a algún miembro del grupo. Es conveniente que los integrantes estén repartidos por la mayoría de las clases, para que haya representación de todos los grupos y más acceso directo.

En la práctica, los tutores que detectan algún enfrentamiento en el aula, los profesores de guardia en el patio, y desde jefatura de estudios cuando se ha producido algún incidente o pelea, lo ponen en conocimiento de los responsables del equipo.

Cuando ha ocurrido una pelea o enfrentamiento muy fuerte entre dos alumnos, es norma frecuente en muchos centros, que cada una de las partes sea expulsada un día a su casa, normalmente en días diferentes. Se informa a las familias y también al equipo de convivencia. Se localiza a los 2 implicados o al que no esté expulsado ese día, y se aprovecha para, ya más calmados, hacer con cada uno la "premediación", y si lo ven conveniente, concretar el momento de la mediación. Esta dilación de la expulsión ayuda a que se haga todo con los ánimos más suaves, y a coordinar qué alumnos pueden echar una mano con la mediación.

Valoración.

La valoración de la constitución de un grupo de convivencia, y de la utilización de la mediación como herramienta para resolver conflictos, es altamente positiva. Esto lo puedo afirmar desde mi experiencia personal de 8 años en el centro, formando parte del equipo de mediación, y desde los intercambios de experiencias con grupos de mediación de otros institutos.

Se resuelven conflictos y se ayuda a formar a muchos alumnos, tanto a los mediadores como a los que son "mediados".

La convivencia en nuestro centro ha mejorado visiblemente de la de hace ocho años, pero todavía hay carencias muy grandes y conflictos no detectados y otros muchos no resueltos...

De todas formas una cosa también es clara:

No todos los conflictos son susceptibles de mediación. Debe haber una tensión de dos partes (si bien alguno puede tener más "peso" que otro), para que haya dos "afectados".

A veces hay conflictos en el que en uno de los lados está un agresor, y en el otro una víctima...

Acoso escolar o "bullyng"

El 21 de septiembre del año 2004 marcará para siempre un antes y un después en algo conocido por todos hoy día como bullyng o acoso escolar. Ese día un muchacho de 14 años llamado Jokin puso fin a su vida lanzándose de lo alto de la muralla de su pueblo del País Vasco, Hondarribia. Ese día acabó su acoso, su tortura ; ese día todos la conocimos.

Ese terrible suceso supuso el prestar atención y buscar medidas para prevenir, detectar y desactivar estas conductas.

Conocimos así el término "bullyng", que hace referencia a la acción que realiza el matón (*bully* en inglés), que según Dan

Olweus (uno de los más prestigiosos eruditos en este tema) es la siguiente:

"La victimización o maltrato por abuso entre iguales es una conducta de persecución física y/o psicológica que realiza el alumno o alumna contra otro, al que elige como víctima de repetidos ataques. Esta acción, negativa e intencionada, sitúa a las víctimas en posiciones de las que difícilmente pueden salir por sus propios medios. La continuidad de estas relaciones provoca en las víctimas efectos claramente negativos: descenso en su autoestima, estados de ansiedad, e incluso cuadros depresivos, lo que dificulta su integración en el medio escolar y el desarrollo normal de los aprendizajes."

Es conveniente diferenciar pues, lo que es acoso escolar de lo que son conflictos puntuales entre compañeros. Estos últimos forman parte de los lógicos roces en la convivencia, mientras que el acoso no es una situación normal, sino un problema muy serio y preocupante.

Las características más evidentes para que haya acoso, son:

- Que los ataques o agresiones sean continuados.

- Que el agresor sea más fuerte que la víctima.

- Hay una conducta premeditada en las agresiones.

- Que provoque un daño de forma continua, no solo en el momento de la agresión.

- Dirigida a una víctima concreta.

Los investigadores Araceli Oñate e Iñaqui Piñuel, han redactado una serie de comportamientos de acoso:

25 comportamientos de acoso escolar

1. Llamarle motes.

2. No hablarle.

3. Reírse de él cuando se equivoca.

4. Insultarle.

5. Acusarle de cosas que no ha dicho o no ha hecho.

6. Contar mentiras sobre él.

7. Meterse con él por su forma de ser.

8. Burlarse de su apariencia física.

9. No dejarle jugar con el grupo.

10. Hacer gestos de burla o desprecio.

11. Chillarle o gritarle.

12. Criticarle por todo lo que hace.

13. Imitarle para burlarse.

14. Odiarle sin razón.

15. Cambiar el significado de lo que dice.

16. Pegarle collejas, puñetazos y patadas.

17. No dejarle hablar.

18. Esconderle las cosas.

19. Ponerle en ridículo ante los demás.

20. Tenerle manía.

21. Meterse con él para hacerle llorar.

22. Decir a otros que no estén con él o que no le hablen.

23. Meterse con él por su forma de hablar.

24. Meterse con él por ser diferente.

25. Robar sus cosas.

Entendemos que todas estas conductas se orientan hacia una víctima concreta, y son un compendio de ataques físicos, verbales, psicológicos, y sociales que se repiten en el tiempo.

Habrá casos en los que primen más los ataques físicos, en otros los verbales, la intimidación, o la exclusión social, pero es normal que estas conductas confluyan en un mismo acoso.

Haciendo un resumen de las conductas de acoso, empezando por las más frecuentes:

• Las agresiones verbales las más abundantes.

• Las agresiones contra las propiedades.

• Las exclusiones sociales.

• Las amenazas.

• Las agresiones física.

• Las conductas agresivas más graves, como chantajes, amenazas con armas o acosos sexuales.

En cuanto a las edades, predominan más estos casos de acoso en el primer ciclo de secundaria, oscilando pues entre los 12 y los 14 años.

Se dan más los problemas de acoso entre chicos (tanto como agresores que como víctimas) que entre chicas. Solamente los casos relacionados con los "chismes", hablar mal de terceros, o difundir rumores negativos, se dan más entre chicas.

Los espacios físicos donde se producen el mayor número de agresiones, serían, en primer lugar, el aula y, el segundo, el patio; si bien, dado que pasan mucho más tiempo en el aula que en los recreos, es significativo este resultado. En tercer lugar se sitúan los alrededores del centro (el camino de vuelta a casa...).

Los protagonistas

Las víctimas. Los agresores. Los demás (Público-espectadores).

Las víctimas.

En la película "Cobardes" que trata sobre un caso de acoso escolar, la víctima es un chico normal, ¿qué tiene de especial?, nada, solo que es pelirrojo (pero uno de los del grupo de agresores también lo es), simplemente, le ha tocado.

Son los sujetos que son objeto de ataques o agresiones (de distinto tipo) de manera frecuente y sistemática. En muchas ocasiones son los blancos más fáciles, indefensos o débiles. Es cruel hacer la comparación, pero es como cuando los depredadores eligen la presa más aislada, débil, dañada o cría desvalida de la manada a la que atacan.

Pero distinguimos dos tipos de víctimas: que podemos denominar como: "pasivas" y "activo-replicantes".

Las primeras, las pasivas son las más frecuentes. Normalmente son personas inseguras, tímidas, físicamente más débiles, de menor edad, más caseras y con pocos amigos. Su respuesta es retraerse, sufrir y no decir nada.

Las segundas, activo-replicantes, suelen responder, es fácil que tampoco controlen sus respuestas y se encaren con el agresor o agresores, lo cual sirve de excusa a éstos para justificar la cadena de ataques y prolongar las agresiones en tiempo e intensidad.

Si el peligro de las primeras radica en que la víctima no denuncia y no se detecta el acoso por ello, en las segundas, el peligro para ellos es que los adultos traten el problema como si fuera un conflicto, cuando es un caso flagrante de ataques de agresor-es a una víctima. E incluso de llegar a culpabilizar a la víctima como agresor al ser notorios sus estallidos espontáneos de defensa frente a los ataques que recibe, más solapados o planeados.

Esto último está perfectamente reflejado en la película "Cobardes", cuando el protagonista estalla violentamente al rebelarse contra los continuos ataques que recibe, y es objeto de sanción al ser testigos de ello los profesores del centro. Días más tarde al ser objeto de calumnias de robo y caer en una trampa con pruebas falsas, será él (que es la víctima acosada) sospechoso de acosador.

Sean del tipo que sean, las consecuencias para las víctimas siempre son las siguientes:

• Tensión, estrés, intranquilidad y malestar permanentes, que al aumentar y prolongarse el acoso pueden desembocar hasta en depresión...

• También síntomas físicos como dolores de cabeza, trastornos gástricos y/o alimentarios, erupciones cutáneas, debilidad y languidez...

• Todo esto se puede manifestar con conductas de crear excusas para no asistir a clase.

• Pérdida de autoestima, de empequeñecerse hasta creer que es "diferente", con menos habilidades, que es efectivamente "raro", buscando errores en sí mismo.

• Por lo tanto, no se desenvolverá con libertad y normalidad con todas las capacidades y talentos que puede desarrollar a su edad a nivel personal y de relaciones sociales, al sentirse aislado...

Los agresores.

Son los sujetos o grupos que ejercen la violencia verbal, psicológica o física, de manera continuada sobre otros compañeros o adultos.

Esto les proporciona sentirse poderosos, sobresalir, a costa de hundir, humillar y abusar de otros más débiles.

Se utiliza el "atajo" cruel de la violencia, la humillación y la intimidación, sirviéndose de un "cabeza de turco", para conseguir notoriedad y prestigio frente a los otros. Muchas veces de esta manera, el agresor consigue ocultar con estas conductas sus carencias para relacionarse de forma normal y responsable.

Factores que influyen para que aflore esta conducta:

- Ha crecido experimentando las "ventajas" de poner a los demás bajo situaciones de presión con el fin de conseguir sus propósitos. Al conseguir, desde la niñez, el que sus padres sucumban a sus rebeldías para conseguir imponer su voluntad. Se ha hecho un experto manipulador, y hasta le resulta "divertido" hacerlo.

- Es fácil que en el fondo no se haya sentido <u>valorado</u> en su infancia, y ahora se vea falto de habilidades para sobresalir si no es "rebajando" a otros.

- Sin embargo puede sufrir el "espejismo" de tener una gran autoestima aunque sus vivencias son muy superficiales y solamente en un ámbito muy egoísta.

Características personales. Lo anteriormente descrito es fácil que redunde en personas que:

- Tienen escaso o nula aceptación del fracaso o frustración.

- Proclives a ser impulsivos y agresivos.

- Carentes de empatía y sensibilidad hacia los demás.

- Altivos y desafiantes frente a modelos de autoridad.

- Carencias de conductas que supongan sacrificio y esfuerzo. También poco cooperativos y tolerantes.

<u>*Tipos de agresores.*</u>

- Activos notorios. Son los matones cabecillas, el *bully* en la terminología inglesa. Se vanaglorian de su abuso, e imponen su ley del temor.

- Activos instigadores. Son más retorcidos, si cabe, que los anteriores porque "azuzan" a otros para que hagan el trabajo sucio y guardarse las espaldas ante la posibilidad de que les descubran.

- Secundarios. No tienen la iniciativa pero apoyan al agresor y recogen así los "beneficios" de estar como secuaces.

- Grupo maltratador. Aunque siempre sobresale un líder que es el cabecilla y activa al resto, todos se adhieren activamente y planifican sus ataques a modo de "cacería" o diversión (puede ser el primer escalón hacia el ascender a conductas delictivas de pandillas o bandas...).

<u>*Los demás.*</u>

El grupo más numeroso es el de los testigos silenciosos, quizá por experimentarse impotentes para implicarse y solucionar.

Por desgracia, una actitud muy frecuente en la mayoría es el eludir la situación si se conoce, o quedarse al margen. Es "la ley del silencio", el "ver, oír y callar" por temor a las represalias del agresor o grupo.

Peor es la conducta de "asociarse" con el agresor, que puede ir desde lo que es ser "espectador", hasta el participar del espectáculo jaleando cruelmente.

Un informe de la Universidad Complutense de Madrid acerca del "Autodiagnóstico de la convivencia en los centros de secundaria", indica que un número considerable de alumnos se mostraron dispuestos a intervenir si la víctima es un amigo o amiga.

Y un porcentaje muy pequeño puede reaccionar aunque no sea por un amigo, esto se da sobre todo, en casos de robos, acoso sexual, chantajes, romper el material, porque es muy evidente y claro el hecho injusto.

Es más fácil la pasividad en agresiones verbales, físicas o exclusión social.

Cómo abordar este conflicto.

Como hemos indicado en todos los demás conflictos, lo mejor siempre es que no se den, y para ello está la prevención.

Todo lo que sea no fomentar conductas en las familias, de ceder al chantaje de la presión provocada por el menor, será positivo para que el niño respete la autoridad, acepte normas y desarrolle cualidades y valores positivos para alcanzar recompensas y logros. Lo contrario es "educarles" en conseguir hacer su voluntad por encima de todo, y que su inteligencia se reduzca a su egoísmo. (Si se acostumbran a que la intimidación y violencia "logran" lo que no hace su esfuerzo, estaremos contribuyendo a crear matones y egoístas.)

Si no hay potenciales agresores, no habrá víctimas, pero también por otro lado, si sobreprotegemos a los hijos, y no nos preocupamos por que se relacionen, desarrollen habilidades sociales y gran autoestima, podemos correr el riesgo de preparar "potenciales víctimas", si bien como hemos dicho anteriormente, muchas veces la víctima no responde a un perfil concreto.

Llegado el caso de que se diera un episodio de acoso hacia un hijo, todo lo que haya en nuestra relación como padres hacia él, de disponibilidad de tiempo, comunicación, apoyo, lo que el hijo nos haya visto en el modo de enfrentar y resolver problemas de manera adulta, madura y controlada..., contribuirá a que confíen en nosotros y nos lo cuenten.

La prevención también se construye en el seno del colegio e instituto, cuidando la convivencia, creando ambientes participativos e integradores.

Es importantísimo el abordar estas problemáticas desde sesiones de tutoría en las que se aborde el tema sin tapujos, se describan y ejemplifiquen estas conductas y se consiga un clima adverso hacia ellas.

No obstante, el centro debe procurar el poner atención para detectar los indicios de acosos, y tener un personal sensible y ágil para intervenir con los alumnos y contactar con las familias.

Una "tela de araña" tejida entre el profesorado tutor, el resto de profesores de una misma clase (equipo docente), los orientadores, el equipo de convivencia y mediación (alumnos y profesores), y el equipo directivo bien coordinados entre sí y con las familias; todo ello es garantía de vigilancia y buena actuación.

Con todo este dispositivo, habrá que estar siempre atento a detectar los posibles indicios y señales que nos indiquen que algún chico-a sufre acoso.

Señales indicadoras de posible acoso:

- Cambios en la manera de ser: de una normalidad y alegría a no hablar, tristeza, languidez, no querer comentar nada de la clase... (conviene interesarnos sin avasallarles a preguntas...)

- Notar que está más aislado, que no sale, no tiene amigos, o no les llama...

- Brusco bajón en el rendimiento académico.

- Estar extremadamente nervioso y sensible, llegando a llorar con facilidad.

- Llegar con lesiones físicas y vagas o sospechosas explicaciones accidentales...

- "Pérdidas" o deterioro de ropa o material...

- Pedir (o coger a escondidas) dinero adicional.

- Dejar bruscamente de usar móvil o internet.

- Poner excusas para no asistir a clase o a actividades extraescolares.

- Notar que tarda demasiado para ir o venir de clase a casa (da rodeos y está alterado).

Todas estas señales captadas, sobre todo en el hogar (y también por profesores del centro), deben ponernos alertas y a actuar adecuadamente. Son indicios que nos deben llevar a investigar. Conviene que los padres hablen con su hijo y si les confía que está sufriendo acoso, deben informar inmediatamente al instituto para que se actúe con celeridad tomando las medidas oportunas. Y si les dice que no pasa nada pero tienen dudas con sus explicaciones, que informen al centro. A veces desde alumnos mayores del grupo de mediadores o algún profesor cercano en quien confíen de verdad, se puede llegar a que una víctima exponga su situación y se le pueda ayudar.

Es importantísimo la detección precoz. Si se detecta y actúa con agilidad, podremos, poner fin a un más que posible martirio de angustia y miedo en las víctimas. También, si no se ha prolongado el acoso, se podrá sancionar al agresor, pero estableciendo después estrategias para que pueda ser consciente del daño que ha ocasionado, pedir disculpas y que aprenda a convivir con su compañero de una manera civilizada y normal.

Desde nuestro grupo de convivencia y mediación, nos hicimos eco de la petición de ayuda de dos alumnos de los más pequeños. Otro compañero los había amenazado y les tenía sometidos a presión para que le invitaran, sí o sí, a "chuches" en los recreos. Investigamos y otros compañeros lo confirmaron. Lo pusimos en conocimiento de jefatura de estudios, quien al entrevistarse con el agresor, le hizo saber "que un profesor había presenciado sin que él se diera cuenta" lo que había intentado con los dos chicos. Al decírselo sin rodeos lo admitió y dijo que lo hizo para sentirse más que los otros, más malote.

Se habló con los padres, y se comunicó una sanción para el agresor de expulsión de 10 días. La expulsión era necesaria para que se comprendiera que esa conducta era inadmisible y esos días sirvieran de reflexión y para enfriar el conflicto.

Miembros del grupo de convivencia hablaron con el expulsado inmediatamente de regresar al centro. El chico estuvo de acuerdo en que nos viéramos todos para hablar, aclarar... y pedir disculpas.

Les ayudamos a comentar lo que había pasado, a sacar sus emociones, a ponerse en el lugar del otro. El chico que había acosado, preguntado por cómo creía que se habían sentido los otros en aquellos momentos, les dijo que suponía que con rabia. Ellos dijeron que se habían sentido tristes y con angustia y miedo, que no tenían rencor y que lo habían pasado muy mal.

El chico agresor les pidió perdón.

Volvieron luego a su clase. Los dos chicos anteriormente acosados nos dijeron más tarde que se habían quitado un gran peso de encima. Estaban tranquilos.

Tuvimos la suerte todos de conocerlo y atajarlo en sus inicios. Los chicos que empezaban a ser acosados (chicos tímidos y tranquilos de la clase) quizá apoyándose uno en otro, tuvieron el acierto de contárnoslo. Se dio también el caso de que fue una incursión puntual, una experiencia de un chico que quería probar a vivir una experiencia pasándose al "lado oscuro". Hubo receptividad por su parte y pudimos reconducirlo.

Pero hay casos más complejos, más prolongados en el tiempo, en los que el agresor o agresores son más retorcidos, y el daño causado en la víctima requerirá que se le defienda apartando a los causantes.

El protocolo para actuar cuando haya indicios probados de un acoso así en el centro, será el siguiente:

Protocolo de intervención

1. Cualquier miembro de la comunidad educativa que tenga indicios razonables de que pueda estar produciéndose un caso de acoso entre iguales pondrá esta circunstancia en conocimiento de algún profesor, preferentemente el tutor, orientador o miembro del Equipo Directivo. Es imprescindible cuidar la confidencialidad y discreción en los procesos de comunicación.

2. La información recibida deberá ser analizada por el Equipo Directivo a la mayor brevedad posible, con la colaboración del tutor, y del orientador del centro y, en su caso, del inspector del centro.

3. Se analizará la información y las pruebas. Se determinarán los alumnos implicados y planificarán las entrevistas con todas las partes (víctimas, agresores, testigos) y las familias

de éstas. (También con los alumnos y profesores del entorno si se ve conveniente).

4. Se redactará un informe en el que se detalle lo más explícitamente posible los siguientes apartados:

    a) La naturaleza, intensidad, difusión y gravedad de la situación conocida.

    b) Alumnos implicados.

    c) Duración de la situación.

    d) Efectos producidos.

    e) Conclusiones.

5. Cuando, tras la valoración de la situación detectada, se confirme el acoso, se hará un plan de actuación:

    a) Con la víctima: desarrollo de acciones de apoyo y protección, programas específicos de apoyo personal y social; derivación, en su caso, a servicios externos.

    b) Con el agresor: desarrollo de programas de ayuda personal y social, pertinencia de aplicación del RRI (Reglamento de Régimen Interno), que supondrá medidas como, por ejemplo, la apertura de expediente sancionador con cambio de centro, la expulsión de un mes o el cambio de grupo..., además de la posible derivación a servicios externos.

    c) Con los compañeros: información básica; desarrollo de programas de favorecimiento de la convivencia pacífica y sensibilización.

    d) Con las familias de la víctima y del agresor: actuaciones, pautas de atención, apoyo, seguimiento del caso y orientaciones sobre posibles apoyos externos al centro.

CONCLUSIÓN:

Resumiendo, la prevención es lo ideal, fomentando, por parte de toda la comunidad educativa, conductas de convivencia positivas e integradoras.

Prestar atención a detectar cualquier indicio y actuar de inmediato con solo la mera sospecha. Crear una red de profesores, alumnos ayudantes y mediadores, relación fluida con las familias, buzones anónimos para informar de situaciones y solicitar ayudas. En resumen, facilitar los cauces para pedir ayuda y la realidad del apoyo.

Tener una política de tolerancia cero con este tipo de conductas de acoso.

Entender la gravedad de estas conductas. Es como un avión que equivoca su rumbo una centésima de grado, al principio del viaje no se nota, pero cuanto más avance el avión más se apartará de su destino. El acoso es una equivocación, es una aberración cruel, y sus consecuencias si no se rectifica el rumbo pueden ser irreversibles. El 21 de septiembre de 2004, lo fueron para Jokin.

Cyberbullyng

La aparición de las nuevas tecnologías está revolucionando la forma de comunicarse de toda la ciudadanía, especialmente de los jóvenes.

Esto, como todo, es muy positivo si se usa bien, pero muy peligroso si se pone al servicio del acoso, las amenazas, insultos, humillaciones y violencia.

Desde más o menos el año 2000 nos vamos haciendo conscientes de estas realidades dándoles el nombre de "agresiones on line", llegando a acuñarse el término Cyberbullyng para referirse a este tipo de acoso.

Podemos definir el Cyberbullyng como "la utilización de las nuevas tecnologías de comunicación como plataforma de una conducta intencional, repetida y hostil, que realiza un individuo o un grupo, para hacer daño a otro."

Se pueden considerar Cyberbullyng las siguientes acciones:

- Enviar de manera repetitiva fotos o vídeos utilizando el móvil.

- Llamadas y sms ofensivos y repetitivos a través del móvil.

- Peleas y discusiones con insultos por medio de chats.

- Difamaciones y burlas por medio de páginas web.

- Mandar de manera repetitiva mensajes de insultos y amenazas con e-mails.

- Contactar con conocidos o con el entorno de la víctima para insultarla, difamarla o dañar su imagen.

- Exclusiones de las salas de chat.

- Difundir imágenes, información, vídeos de la víctima sin su consentimiento...o amenazar con poseerlos y difundirlos.

- Suplantar la personalidad de las cuentas de internet o móvil de la víctima para dañarle.

La diferencia con el bullyng estriba fundamentalmente en el medio por el cual se realiza el acoso, que por un lado permite al agresor ocultar su autoría y hace que la víctima se sienta más desprotegida puesto que no se puede "alejar" de esos ataques (no se puede apartar o refugiar como lo haría en el bullyng físico). También otra diferencia es que la capacidad de hacer daño se multiplica, porque aumenta el número de posibles "espectadores" testigos de esa humillación o ataque, y además de manera inmediata.

Aquí habría que distinguir lo que son las discusiones y "peleas" on line, (fuente o consecuencia de muchos conflictos personales, que pueden que no deriven en acoso, sino en enfrentamiento de dos partes con discusión y pelea física en la calle o instituto), de lo que son ataques repetitivos de un-unos agresores a una víctima.

En nuestro instituto más o menos un 30% de los conflictos o enfrentamientos en los que ha intervenido el equipo de mediación, han surgido o "engordado" de dimensiones en el chat.

En cuanto al número de casos, estudios del 2008 indican que uno de cada cuatro casos de acoso, lo es de cyberbullyng.

Y en cuanto a los actores o protagonistas, serían los mismos que en el acoso físico, pero todo ello desde las nuevas tecnologías:

Ciberacosadores, ciberacosados y ciberpúblico.

Las relaciones entre ellos están marcadas en el cyberbullyng por el distinto daño que provoca este tipo de acoso en la víctima. En primer lugar por la posibilidad del anonimato de los acosadores, que puede incrementar el sentimiento de indefensión, desconcierto y vulnerabilidad en los acosados, (aunque en la práctica los estudios indican que solamente en el 25 ó 30 % de los casos las víctimas desconocen la identidad del origen de esos ataques). Y en segundo lugar cuando el anonimato no es ya del agresor sino de la víctima, en el sentido de que los ataques no trasciendan el ámbito privado (sms o mensaje privado en correo electrónico), su trascendencia es menor, pero si esos ataques se difunden en Internet y se hacen públicos, el alcance del daño es inimaginable, con lo que las consecuencias de vergüenza, escarnio y sufrimiento de la víctima se multiplican al verse expuesta a una inmensa audiencia.

También este tipo de acoso trasciende al tradicional en el hecho de que el ataque por medio de textos escritos o de imágenes queda perpetuado de manera permanente y aunque se llegue a borrar el mensaje original difundido, siempre queda la incertidumbre de que existan copias. Todo esto "martilleará" continuamente a la víctima.

Un aspecto que merece una mención especial son los casos de acoso sexual desde las nuevas tecnologías. Es lo que se conoce como "grooming" (en sus variedades de "texting" cuando se envían mensajes de texto de contenido ofensivo sexual, "sexting", cuando se envían fotos o vídeos de contenido erótico o pornográfico).

A veces los agresores utilizan la coacción o chantaje a base de conseguir fotos o vídeos que los adolescentes cuelgan, de manera inconsciente o temeraria, en sus perfiles de redes sociales o en mensajes privados. El afán de notoriedad y exhibicionismo en este caso, más en las chicas, puede ser un arma de doble filo...

La dinámica es parecida en muchos casos.

Al conseguir material comprometedor se amenaza a la víctima con difundirlo si no se aceptan las "condiciones" del acosador (que suelen ser el envío privado de más material y más comprometedor), con lo cual el "poder" de éste último va creciendo en una espiral sin final. Solamente se romperá este círculo vicioso cuando la víctima pida ayuda rompiendo su silencio.

"Desde el Defensor del Menor se han realizado propuestas para adaptar el Código Penal a las necesidades que imponen las nuevas realidades. Así en el ámbito de las TIC podrían citarse, entre otras la recomendación de contemplar como delito específico el llamado grooming, que recientemente ha sido incorporada al texto punitivo en el artículo 183 bis, mediante la Ley Orgánica 5/2010, de 22 de junio." (Citado de la "Guía de recursos para centros educativos en casos de ciberacoso").

Cómo abordar estos conflictos

Como siempre lo ideal es que estos conflictos sean abordados desde la familia y desde los centros educativos. En estos últimos se deben realizar sesiones formativas y estrategias para el buen uso de las nuevas tecnologías, pero este trabajo -que esbozaremos más adelante- debe tener su apoyo en el hogar.

Los padres y madres deben velar porque sus hijos sigan unas pautas de seguridad cuando usan las TIC, y no solo eso, sino que al igual que con otras actividades y relaciones, deberán estar atentos para percibir cambios notorios de humor o conducta cuando sus hijos utilizan el ordenador, o reciben llamadas, y mensajes de móvil. Y ante casos de cyberbullyng, los padres son responsables de poner esta realidad en conocimiento del centro educativo para coordinar estrategias de actuación, como también denunciar los hechos ante los cuerpos de seguridad del estado si el caso así lo requiere.

Llegados a estos niveles es muy importante el guardar las pruebas de este ciberacoso, tanto para el esclarecimiento del daño, como —llegado el caso- para su uso en un posible juicio legal contra el acosador o los acosadores.

En cuanto a las actuaciones desde el centro educativo, a veces puede asaltarnos las dudas en relación a intervenir de manera directa en sucesos que se producen fuera de los límites del recinto escolar y también fuera del horario lectivo.

A esto hace referencia la Ley 2/2010, de 15 de junio de Autoridad del profesor en la Comunidad de Madrid:

Artículo 10. Incumplimiento de las normas de convivencia: *"1. También podrán ser sancionadas aquellas conductas que, aunque llevadas a cabo fuera del recinto escolar, estén motivadas o directamente relacionadas con la vida escolar y afecten a algún miembro de la comunidad educativa."*

Cuando el equipo directivo del centro tenga noticia de un posible caso de agresión por medio de las TIC, tiene obligación de intervenir y valorar si es un caso puntual, (equivalente a un conflicto-pelea entre dos partes, o claramente entre agresor y víctima), o constituye un episodio de ciberacoso pues se da la circunstancia de prolongación en el tiempo.

Pero antes de detectar e intervenir hay que prevenir, y lo primero es tener establecidos programas específicos de "alfabetización digital".

No es dotar a los alumnos de más capacidades para manejarse en los contextos virtuales, sino ayudarles a que adquieran hábitos adecuados para su uso.

Un hábito responsable significaría lo primero que tienen que tomar conciencia sobre lo que es la intimidad propia y ajena (algo ya a inculcar desde la escuela primaria). Por eso más allá de informar a los alumnos, se trata de formarles desde la sensibilidad, la empatía, y la responsabilidad.

Existe mucho material disponible para trabajar estos temas. Entre ellos es de enorme utilidad para sesiones formativas la

Guía de recursos del Defensor del Menor de la Comunidad de Madrid. Unidades didácticas que suponen el visionado de vídeos realizados específicamente para cada tema en los que se ejemplifica un conflicto concreto relacionado con las TIC y se propone un trabajo de debate en pequeños grupos a partir de una guía de preguntas para su reflexión, análisis y resolución.

Unidades didácticas como por ejemplo:

"La intimidad en la red", con el vídeo elaborado por el Defensor del Menor de la Comunidad de Madrid: *"Antes de colgar tu imagen en la Web... piénsalo"*.

"Relaciones entre acoso y ciberacoso" con el visionado de la película *"Cobardes"* de José Corbacho y Juan Cruz. (Esta película estrenada en el año 2008, muestra las raíces, circunstancias y consecuencias del acoso escolar, y señala ya el uso de las nuevas tecnologías en estas prácticas crueles y dañinas).

"Ciberacoso", con el vídeo denominado *"No lo digas por internet"*.

"¿Conoces cómo te protege la ley en internet?" Derechos y responsabilidades del uso cotidiano. El material que se usa es la publicación *"e- LEGALES"*, publicado también por el Defensor del Menor, pretende romper la errónea sensación de impunidad que tienen muchos adolescentes de sus actuaciones en la Red, aleccionándoles de que siempre se deja un rastro que la policía puede detectar y seguir. También para desvelar cómo muchos adolescentes, de manera inconsciente, incurren en prácticas inadecuadas que pueden llegar a constituir delitos.

Y por último, otra unidad didáctica importante es:

"Cómo hacer las cosas bien en internet", en que se analizan documentos sobre recomendaciones para el uso adecuado de internet por parte de los adolescentes. Documentos que se hallan en las siguientes Webs:

- Guardia civil

- Policía Nacional

- Agencia española de protección de datos

- Agencia de protección de datos de la CM.

- Chaval.es

- Menores protegidos

- Protégeles

Y el "Decálogo para una víctima del Cyberbullyng", escrito por Jorge Flores en "Pantallas amigas", que por su utilidad resumimos a continuación:

1. Actúa con celeridad pidiendo ayuda. *Si eres menor recurre a tu padre o a tu madre o, en su defecto, a una persona de confianza.*

2. No caigas en la tentación de responder a las provocaciones.

3. Mantén un margen para la duda razonable: *porque actuar sobre bases equivocadas puede agravar los problemas y crear otros nuevos.*

4. Evita los lugares de acoso: redes sociales, chats, teléfono móvil... *en la medida de lo posible hasta que la situación se vaya clarificando.*

5. Cierra el acceso a tus datos para que no seas vulnerable *ni puedan suplantar tu identidad.*

6. Conviene que guardes las pruebas del acoso, *sea cual fuere la forma en que se manifieste, porque pueden serte de gran ayuda.*

7. Supervisado por los adultos que te ayuden, comunica a quienes te acosan que lo que están haciendo te molesta *y pídeles, sin agresividad ni amenazas, que dejen de hacerlo.*

8. Trata de hacerles saber que lo que están haciendo es perseguible por la ley *en el caso de que el acoso persista. Les puedes sugerir que visiten páginas como www.e-legales.net o www.cyberbullyng.net para que lo comprueben por sí mismos. También puedes visitar las siguientes Webs: http://www.policia.es/ (Brigada de Investigación Tecnológica) o https://www.gdt.guardiacivil.es/ (Grupo de Delitos Telemáticos). (Para casos de fuera de España, ponte en contacto con las autoridades competentes.).*

9. Si aun así persiste el acoso, deja constancia de que estás en disposición de presentar una denuncia con pruebas.

10. Presenta la denuncia llegado el caso.

En este apartado de prevención y formación en valores, cabe destacar (al igual que lo hicimos en los casos de agresiones y acosos físicos), que en muchas ocasiones son los mismos chicos-as los que mejor contribuyen a la prevención, detección y resolución de conflictos de sus compañeros cuando están debidamente formados para ello. En este campo de las nuevas tecnologías los alumnos mayores pueden asesorar a los más jóvenes en el cómo afrontar riesgos y evitar situaciones conflictivas o peligrosas en internet, y – llegado el caso- en cómo actuar correctamente cuando se ven metidos en un problema.

En diversos colegios e institutos ya se siguen programas en que estos alumnos "ayudantes" dentro del grupo de convivencia y mediación del centro, supervisados por profesores, ejercen estas tareas de formación. Una iniciativa que queremos poner en marcha desde el instituto "Villa de Vallecas" de Madrid es la utilización de las TIC como "oficina virtual" de acceso de los alumnos a comentar cualquier inquietud, problema o conflicto que tengan en un "blog" creado para tal efecto, y también a través de redes sociales como "tuenti". La dinámica sería la siguiente: alumnos concretos que forman parte del grupo de mediación y convivencia -con la formación y asesoramiento en todo momento de profesores especializados- se encargarían de dinamizar ese blog. Se garantizaría la privacidad tanto de los alumnos que accedan a las consultas como de los mediadores que asesoren. La manera de actuar no sería el de "consejitos" a modo "consultorio sentimental radiofónico", sino que los casos que lleguen al blog se pueden tratar después por el grupo para poder aportar, en un diálogo posterior, las recomendaciones y ayuda convenientes.

En el entorno

Los momentos de ocio deben ser integradores de conductas positivas, ambientes que hagan que los adolescentes se socialicen satisfactoriamente, y que engloben la diversión con el despliegue de cualidades y destrezas: deporte, música, aire libre, juegos...

Pero por desgracia, cuando el adolescente carece de estabilidad en el hogar, o no está centrado en los estudios como debiera, o simplemente cuando su afán de diferenciación y sobresalir no están bien orientados, pueden adoptar conductas desviadas y peligrosas para él y para los demás. El tiempo libre puede ser el espacio para que en los momentos de socialización se experimente el abuso de sustancias nocivas para la salud (legales o ilegales), y también para que la diversión desemboque en vandalismo, violencia y delitos. Las causas, como hemos indicado en este libro en otro tipo de conflictos, radican en un tanto por ciento muy elevado en la ausencia de presencia y normas por parte de los adultos. Padres que por diversas razones desatienden el conocer o supervisar los momentos de ocio de sus hijos. Aquí el peligro es que se abra una brecha de comunicación, y que los padres opten por una ausencia de normas, o un exceso de autoridad y castigos pero desde la distancia, lo cual hace estériles estas medidas por ser muy artificiales y sin el respaldo de una autoridad real. A todo esto se pueden añadir los errores de un contexto escolar no adecuado en el que "caiga" el adolescente. El que no se preste mucha atención a las circunstancias familiares y personales del chico-a, el que se segregue a los alumnos conflictivos a grupos singulares que refuerzan estas conductas negativas, la falta de atención para la resolución de conflictos. En resumen, que el alumno no se vea inmerso en un ambiente social y académico positivo. Si a esto se une la necesidad de sobresalir y afirmar la identidad, el adolescente, a través de conductas que se apartan de la normativa correcta, puede encontrar un terreno en el que más que peligro, ve la notoriedad, identificación con un grupo, y popularidad que esto le puede aportar.

El grupo de amigos

La mayoría de los grupos de amigos, se constituyen por pertenecer a la misma zona de residencia, y en muchos casos por haber acudido al mismo colegio o instituto. Nace así el grupo "del barrio".

Normalmente a partir de los 12 años suelen empezar a pasar más tiempo en la calle para prolongar los momentos que viven en las mañanas del instituto introduciendo nuevas experiencias de ocio. Así empiezan a frecuentar lugares que identifican como "suyos": algún banco de la calle, zona de canchas deportivas, parques, entorno de su centro educativo, recreativos (antiguos billares), y poco a poco algunas tiendas de comestibles o bares... . La calle puede ser el espacio de socialización para muchos jóvenes, pero también el espacio de relacionarse con grupos de conductas de riesgo (que consumen sustancias ilegales o tienen patrones de proceder violentos.).

El empezar a flirtear con este tipo de grupos, otorga al adolescente la posibilidad de adentrarse en lo "prohibido", que siempre atrae, como el fumar, beber, consumir sustancias ilegales, ligar en plan "chulo"…

También el compartir una estética y aficiones determinadas (deporte, música...), y sobre todo la sensación de identidad, pertenencia, protección y poder.

Alcohol y drogas

A estas edades es común la curiosidad por experiencias nuevas, por comportamientos "de adulto", y por conductas que se adentran en lo ilegal.

Podemos distinguir entre lo que son incursiones puntuales, a lo que son conductas repetitivas y que se hacen frecuentes o permanentes, de modo que van a condicionar la vida de los adolescentes.

En este último aspecto, cabría hacer también una distinción entre lo que son conductas de "fin de semana" en que se acude al alcohol o sustancias ilegales como recurso para la diversión a la hora de salir, a lo que son esas mismas conductas pero que se extienden a la mayoría de las tardes, e incluso a las mañanas en que se pueden abandonar algunas clases.

Esto último es lo más peligroso, y si para lo primero no hay "vacunas" que hagan que el adolescente caiga en la tentación de "probar", en lo segundo lo que es seguro es que el riesgo recae en chicos-as con un probado descontrol en su ambiente familiar o escolar.

El caldo de cultivo es el absentismo escolar, fruto de una desmotivación acusada, una falta de atención familiar para atajarlo, y un desfase académico cada vez mayor. Se puede caer en un círculo vicioso de: a mayor desmotivación mayor absentismo, y esto produce más desfase-desmotivación y... más absentismo.

Normalmente estos chicos-as tienden a juntarse y a justificar su absentismo reforzando sus conductas como grupo, frente a un centro escolar visto como contrincante de sus intereses.

El riesgo es evidente:

Desde hace varios años, el Consejo Escolar de mi instituto tomó la determinación de que, en el recreo solamente pudieran salir del centro los alumnos de bachillerato. Detectamos que algunos grupos de menores aprovechaban que sus padres no estaban en las casas, por trabajo, para subir y organizar "botellones", con el peligro consecuente con todos los niveles: salud, conflictos, absentismo...Esto supuso abordar el problema, ponerlo en conocimiento de las familias, y establecer estrategias de prevención y de dinamización de los patios en los recreos.

Uno de los problemas radica cuando los adolescentes relacionan sus momentos de ocio al consumo de alcohol o sustancias estupefacientes. En el caso del alcohol, su consumo y acceso están muy extendidos porque es una sustancia bastante aceptada por la sociedad. La media de edad del acceso a su consumo es de unos trece años, y la de su consumo habitual en fines de semana, en torno a los quince.

El adolescente ve en el alcohol la inmediatez de contar con un recurso que le proporciona euforia, que le desinhibe, le hace superar su timidez, le ayuda a ser más lanzado para relacionarse... Este último efecto le proporciona la posibilidad de diversión e integración dentro del grupo de iguales, en torno a "botellones" presentes en casi todos sus encuentros, sobre todo los fines de semana. Así pues ve más los beneficios de su consumo que los riesgos que conlleva, (y esto también es porque los adolescentes se sienten "inmunes" a los efectos negativos para su salud, dada la juventud y fortaleza de sus cuerpos. Se creen capaces de "estirar" al máximo su resistencia puesto que consiguen recuperarse...) Esta percepción positiva del alcohol, hace que los adolescentes no lo vean como una droga, y no ponderen el riesgo que entraña como puerta de acceso a la adicción a otras sustancias, cuando está demostrado que el consumo del tabaco y del alcohol a temprana edad aumenta el riesgo del consumo de otras drogas más tarde.

Un tanto por ciento considerable de adolescentes experimentarán el "probarlas", y lo dejarán, otros seguirán haciéndolo de vez en cuando, sin que esto les acarree problemas serios..., pero siempre correrán el riesgo de ese otro grupo que llegará a tener una relación de dependencia con las drogas que les condicionará negativamente su vida y la de los suyos...El atrevimiento de muchos jóvenes de creer que "a ellos no les va a pasar nada", que ellos "controlan", es el campo abonado para no medir riesgos y adentrarse en "el lado oscuro" de la vida. El "infierno" que viven muchos adultos encadenados a las drogas, en sus vidas y en la de sus familias, se gestó, en la mayoría de los casos, en el engañoso "paraíso" que éstas les creyeron hacer vivir en su adolescencia y juventud... Cualquiera que haya vivido de cerca este problema sabe bien lo serio que es.

Bandas juveniles

> *"Mandaba a Dereck a por los chavales, los frustrados, los que estaban hartos de recibir palizas de los negros y mejicanos: no seas un punky cualquiera, forma parte de algo". (American history x).*

Si el "atajo" para superar la timidez, conseguir euforia, y estimular las relaciones sociales pueden ser el alcohol y las drogas, el "atajo" para conseguir identidad, status, y protección puede ser el formar parte de una banda o grupo cerrado.

Banda es, según el Diccionario de la Real Academia, una "pandilla juvenil con tendencia al comportamiento agresivo". A esta definición básica se le pueden añadir otras características:

Ofrecen una identidad a sus miembros que engloba sus vidas; identidad construida a través de conductas violentas o delictivas y rasgos visibles en su vestimenta, gestos, lenguaje, símbolos etc.; con territorialidad y jerarquías definidas y con ritos de iniciación y dificultades para abandonar el grupo.

En su génesis está el apoyo social mutuo (no el crimen en sí) que no encuentran en la familia y entorno educativo, pero es fácil que sus conductas desafíen el orden establecido y desemboquen en violencia y delitos.

Como decíamos al principio de este apartado, la banda puede ser el "atajo" preciso, para conseguir de manera directa una socialización que le puede resultar dificultosa al adolescente por los cauces normales. Y es así como la banda llega a nutrirse de jóvenes con familias desestructuradas, sujetos carentes de habilidades sociales, en riesgo de marginación, y que cambian una socialización amplia y abierta a cualquier grupo y entorno juvenil, pero en la que quizá tarden en encajar o brillar, por una mucho más reducida, pero que les proporcionará identidad y seguridad, aunque también sometimiento.

Estos son los argumentos que tiene uno de los personajes de la película "Gran Torino", miembro de una banda, para convencer al adolescente protagonista de la idea de unirse a ellos: *"Vente con nosotros. Necesitas que alguien te proteja. Mira tío, yo he pasado por eso, lo he vivido, antes todos querían pegarme tío, y ahora, mira, nadie se atreve a joderme. Venga tío, vamos."*

Es así como para muchos jóvenes la banda llega a constituir su vida y su sentido. Lo es todo para ellos. Por eso el temor al vacío o al rechazo del grupo hace que los vínculos entre ellos sean muy férreos, y que la vida dependa de "estar con mi grupo". Fuera de esto...no hay nada.

En la película Hooligangs, se plasma esta última idea de manera magistral. El lugarteniente de la banda (Boover) ha sido el responsable de una imprudencia desleal con consecuencias terribles. El líder de la banda (Peet), le anuncia lo peor: ya no es de los suyos. Está solo. Boover lo ha perdido todo, su identidad, su sentido, su vida... se le ve sentado en un banco, perdido, desesperado. Su única compañía es una botella de alcohol y el recuerdo de los que ya no son los suyos plasmado en el himno de la banda que canta entre sollozos...

Así pues, el aspecto emotivo de pertenencia, es el eje principal, por encima de la ideología que esgrima el grupo. Esta última característica, la ideológica, cultural, étnica, política, muchas veces está condicionada por el ambiente que impere en el barrio, por la moda o cultura estética y musical con la que se identifique el grupo de iguales y que tenga más presencia y afinidad con la posición o marginalidad del entorno.

Así en los años 60, en Inglaterra surgen los "mods" y los "rockers", en los 70, aparecerá el "heavy", todos ellos grupos muy vinculados a estilos de música concretos. A finales de los 70 entra en escena el "punk", que abanderará un rechazo visceral al sistema, y que será la base de grupos o bandas que se irán desviando hacia extremos políticos y excluyentes. Aparecen los "skin heads", los "reds skins", "sharps", "ocupas", "grunges", estamos en plenos años 80 y 90. Y en estos 90, irá proliferando la cultura del "hip-hop", con "raperos", "grafiteros", "skaters" unidos a la música rap, los murales, el skate board, y ya desde finales de los 90 y en esta última década, las bandas latinas con el fenómeno de la inmigración.

Actualmente en España y Europa, el aumento masivo de la inmigración legal e ilegal, el aumento del desempleo, la proliferación del alcohol y drogas en la juventud, la falta de expectativas y recursos, apuntan a una efervescencia de problemas relacionados con pandillas o bandas juveniles.

Según fuentes de la policía nacional, actualmente encontramos en España las siguientes bandas:

De ideología derechista
• Unidad Skin Head
• Blood & Honour
• Women for Arian United (WAU)
• Juventudes S N
• Frente de Juventudes A N (Alternativa Nacional)
• USHE (Union Skin Heads España)
De ideología izquierdista
• SHARP (Skin Heads Against Racial Prejudice)
• Red Skins
• Movimiento Okupa
• Anarkoskins
• BAF (Brigadas Antifascistas)
• Federación Anarquista Ibérica
Bandas latinas
• Latin Kings
• Ñetas
• Dominican Don't Play
• Trinitarios
• Ley Latina
• Rapper Boys
• Latin Blood
• Dark Latin Globals
• My Family
• Lion Black

Cabe resaltar también el fenómeno de las "Maras" de origen centroamericano, no implantadas todavía en Europa, extremadamente enraizadas y peligrosas en sus países. Las más importantes y numerosas son:

Mara Salvatrucha (MS13), M18, Los Batos Locos, Los Nicas, La Mao Mao, Los Rockeros, Los Charly, Chapulines, Los Toca Y Muere, Los Perros...

La más extendida y peligrosa es la Salvatrucha, originaria de El Salvador y presente en el resto de Centroamérica, Méjico y Estados Unidos.

La ideología puede aglutinar y cohesionar al grupo, aunque es la necesidad de "grupo" en sí misma lo primordial, pero es un elemento de unión, que les proporciona unos principios y un discurso justificador de sus conductas. Así pues, el Skin carga su odio contra el diferente, el izquierdista, el extranjero que socaba su identidad nacional. El Red skin lo hace frente al fascista, y el latino frente al que le margina o compite con él.

Quizá el fenómeno emergente en esta última década sea el de las bandas latinas. Una realidad de la que tomamos conciencia en octubre de 2003, cuando unos menores integrantes de bandas latinas, asesinaron al estudiante colombiano de 17 años Ronnie Tapias, al confundirle con otro muchacho en un ajuste de cuentas.

Es una realidad terrible, y que está muy unida a la de la inmigración, puesto que nutre sus filas de sujetos que encuentran en ellas una identidad y espacio que no tienen en su familia o entorno. El adolescente recién llegado al país, que ha vivido separado de su madre o padre, quizá criado por abuelos en el país de origen, llega a un mundo nuevo y es fácil que se sienta algo perdido y abandonado (sus padres -frecuentemente solo la madre- están casi todo el día trabajando y además hay una distancia entre ellos por no haber vivido juntos), en el instituto es normal que se junte con los de su cultura o país de origen, y que esto se traslade a la calle y al grupo o banda...

Las más conocidas son los Latin Kings, compuestas en su mayoría por ecuatorianos y colombianos, los Ñetas, por ecuatorianos y dominicanos, los Trinitarios y DDP por dominicanos, y en menor grado, las ya referidas "Maras" (pandillas) Salvatrucha y K18, de origen salvadoreño. Marcan sus zonas con pintadas y graffitis (una corona invertida, una eñe con un corazón, una "m" y una "s"...) para advertir a sus rivales.

Según responsables policiales, suelen protagonizar entre el 2 y el 5% de los actos delictivos del fin de semana en Madrid. De los cuales un 20% lo es de robos con intimidación y el resto de reyertas con bandas rivales. El 60% de sus integrantes son menores. Los aspirantes deben someterse a ritos de entrada o a pagar tributo. Esto puede ser el cometer un hurto, robo con fuerza, o recibir una paliza a base de puñetazos y patadas por el tiempo en segundos que estime conveniente el jefe, esto último para demostrar que nunca delatarán a sus "hermanitos" (en su jerga), y mostrar una lealtad incondicional al "rey de reyes" o líder. En ocasiones se producen "cacerías": ataques a personas ajenas a todo, con las que no hay ninguna cuenta pendiente.

Abandonar el grupo supone traición y conlleva amenazas, coacciones y agresiones...

El consumo de alcohol es norma habitual, así como el consumo y tráfico a pequeña escala de marihuana y otras sustancias ilegales. Es fácil que inicien un proceso hacia le delincuencia y crimen organizado, en el tráfico de drogas, el organizar robos y en los modos mafiosos de cobrar cuotas. También una escalada de utilizar armas blancas a la modificación de pistolas detonadoras para que disparen fuego real. La posesión y uso de armas de fuego y el tráfico de drogas a gran escala, marcará –según la policía- la diferencia entre un grupo juvenil violento y una banda criminal.

Cómo abordar estos conflictos

Llegamos a problemáticas que suponen un entramado amplio de acciones positivas de toda la sociedad, para su prevención, intervención y solución.

Siempre lo primero redundará en el hogar. Todo lo que sea tiempo y buena comunicación que ayude a estar presente o vinculado a los momentos de ocio de los hijos, desactivará posibles conductas erróneas, o al menos las detectará con rapidez.

De cara al consumo de alcohol y drogas habrá que estar alerta por si se captan algunas de estas señales en los adolescentes:

- En su forma de ser y actuar: irritabilidad, cambios bruscos de humor, retraimiento, desobedecer las normas del hogar...

- Aspectos físicos: ojos enrojecidos, mirada sin brillo, tos persistente, fatiga exagerada, cansancio y decaimiento, dificultades para conciliar el sueño...

- En el instituto: absentismo preocupante, problemas de aceptación de las normas y la autoridad, bajo rendimiento académico, desmotivación notoria...

- En el entorno: amistades problemáticas o de las que no quiere comentar nada en casa, cambios drásticos en el vestir y en la apariencia, problemas con las autoridades...

Detectado todo esto, conviene atajarlo con la mayor rapidez posible, en colaboración con el centro escolar, lugar donde el adolescente pasa prácticamente la mitad de su jornada.

Pero, sobre todo, la mejor estrategia siempre es la inversión en prevención y acciones positivas. Por eso es necesario diseñar programas de educación en los que más que incidir en los efectos negativos de alcohol y drogas –necesario-, se incida, sobre todo, en los efectos positivos y atractivos del no-consumo.

En la escuela, aparte de las actividades integradoras (deportivas, recreativa, culturales..) que se puedan hacer por las tardes y fines de semana, habrá que incidir en tutorías que refuercen las habilidades sociales, los mecanismos de respuestas acertadas hacia la presión de grupo, información directa sobre los riesgos de consumo y la desmitificación de los aspectos engañosamente positivos que esto puede proporcionar. Aquí es infinitamente positivo el testimonio dirigido de jóvenes o exalumnos, (algo cercano a ellos), que puedan contar su paso por el consumo, y la experiencia netamente mejor de vivir libre de esas conductas.

Lo que redunde en potenciar actividades atractivas de ocio en grupo, que retrasen las edades de inicio del acercamiento a "probar", blindarán al chico-a para que estas conductas no se asienten.

Esto supone el esfuerzo conjunto de las instituciones por fomentar los centros de barrio culturales y de ocio al aire libre, los educadores de calle, los espacios deportivos asequibles y adecuados.

Todo lo invertido a nivel escolar y por las instituciones sociales en fomentar alternativas de ocio saludables, lo ahorraremos en programas de recuperación y control social, y en las consecuencias de sus conductas delictivas.

En cuanto al riesgo de que el chico-a se acerque al peligroso mundo de las bandas, lo primero que habría que tener en cuenta es, que en la base de estas conductas están los sentimientos de necesitar una identidad, unas relaciones, una aceptación que no tienen en su entorno, y en las que desplegar su sacrificio, esfuerzo, lealtad, solidaridad... Aquí como hemos marcado en todo este libro, lo primero, la familia, la presencia necesaria de adultos que acompañen de manera visible y actúen vertebrando la autoridad y el afecto en ellos.

En este aspecto, los centros educativos e instituciones sociales, deberían proporcionar los medios de organizar grupos de trabajo para padres en orden a la adquisición de habilidades para la educación de sus hijos:

- Estrategias de generar valores y normas en los hijos a partir de las conductas "coherentes y modélicas" de los adultos.

- Ayudar a conseguir el equilibrio entre la autonomía de los adolescentes con la supervisión y autoridad de los padres.

- El modo de comunicarse y resolver conflictos de manera adecuada.

Y cuánto más, todo esto para las familias inmigrantes, que tienen mermado su arraigo en el país, el apoyo familiar amplio (abuelos, demás familia...), las condiciones laborales muy amenazadas... necesitan más apoyo de las instituciones.

También los centros educativos, como ya hemos dicho con las conductas de adicciones, deben procurar sesiones formativas que incidan en:

- La resistencia a la presión de grupo.

- Los valores de integración, solidaridad, conocimiento intercultural.

- La promoción de conductas de tolerancia y empatía frente a la agresividad y respuestas violentas.

- Las técnicas de escucha activa, de afrontar y mediar en conflictos.

- El desarrollo de un pensamiento maduro, racional, crítico, que supere estereotipos engañosos, superficiales, racistas, machistas, y retrógrados.

Y todo lo anterior, en la medida de lo posible, a través de testimonios de primera mano: chicos mayores que cuenten su experiencia de paso por este tipo de grupos, sus peligros, sus connotaciones negativas, y sobre todo el "contagio" de su vivencia actual desde aspectos de estudio, laborales o de ocio positivo. El caso es reflejar que es posible desplegar la identidad, camaradería, pertenencia que se busca en una banda, pero abiertos a todo tipo de relaciones y vivencias positivas, no reduciéndolo a un grupo marginal, violento y excluyente.

Presentar modelos atractivos de jóvenes integrados, en relación amplia y sana con el resto de personas, en preparación, proyectos, noviazgo, que expresen lo atractivo de contar con amigos verdaderos, no miembros de un grupo que se mueve, en muchos casos, por normas, intimidación, escalafones o intereses.

Los centros educativos y las instituciones deben procurar esas posibilidades y espacios de ocio positivo, también aprovechando todos los aspectos atractivos y poseedores de identidad, cultura, estética, deporte, arte urbano... que conviven con el mundo de los grupos de la calle (la música, la cultura del rap, el arte gráfico de los graffitis, etc.). Pero esto no puede quedarse en una "sobredosis" de actividades, sino que debe ser más profundo y ambicioso.

El desafío es conseguir condiciones sociales y personales para que los jóvenes puedan asumir, con libertad y responsabilidad, su propio desarrollo.

Que en todos los ámbitos se les den posibilidades para ser socialmente competentes, no meros consumidores de actividades y entretenimiento.

Es necesario que los agentes sociales y las instituciones informen y formen para el desarrollo de iniciativas y proyectos de los propios jóvenes. Dando recursos, apoyando la creación de asociaciones, como elementos formativos y de capacitación orientados al mundo profesional...

Todo esto aún es más crucial hoy día dadas las circunstancias de "crisis" acuciante que vivimos, en la que muchos chicos-as necesitan acceder de manera urgente al mundo laboral, sobre todo entre el colectivo inmigrante. Por ello la Enseñanza Secundaria Obligatoria, debe ver la "obligación" de proporcionar a los jóvenes, vías flexibles, para proyectos de vida individuales, no caer en una absurda "obligatoriedad" de asistencia en la que profesores y alumnos se "aguantan" en una "surrealista guardería".

Proyectos que vayan desde la motivación y capacitación real para estudios superiores, a las aulas de compensación educativa, la formación profesional, la garantía social, todo desde la dotación adecuada de personal humano y recursos materiales, las becas que premien el esfuerzo y palien las hondas desigualdades económicas, y hasta los convenios con entidades y empresas que faciliten la inserción laboral y el voluntariado.

La idea que queremos presentar es que en la medida en que los jóvenes tengan alternativas reales de desarrollo, no se desviarán hacia la marginalidad y violencia.

Además desde las fuerzas de seguridad, las experiencias de políticas meramente punitivas tomadas en otros países (EE.UU., Centroamérica con las "maras"), nos dicen que no son eficaces, que no llegan a abordar el problema desde la raíz, y menos su solución. Los especialistas en este sector indican que, es más eficaz el compaginar la seguridad de la ciudadanía con el despliegue de agentes de proximidad que desde un acercamiento consentido, ganado, no artificial, propicie una tarea mediadora, con propuestas de alternativas positivas, reales y adaptadas al contexto.

El conocimiento de estos grupos y su contacto pueden prevenir y desactivar situaciones de posibles conflictos violentos.

Supone colaboración de todos los sujetos sociales: jóvenes, familias, profesores, educadores de calle, agentes de proximidad... todos.

Quizá no es a corto plazo, pero merece la pena el reto: ganar la confianza de estos grupos, y aprovechar y reconducir esa lealtad y aspectos positivos que tienen, en colaboración y acuerdos, que ayuden a "aliarse", y conseguir que sus líderes e interlocutores puedan contribuir al autocontrol de conductas negativas.

A partir de este terreno ganado, seguir trabajando en la reinserción social a todos los niveles.

Una actuación coordinada y conjunta de padres, educadores y agentes sociales y de la autoridad, pueden aportar al unísono todo aquello que cada uno posee y a lo que el otro no llega.

Y a veces es cuestión de vida o muerte que lleguemos... y que lleguemos a tiempo.

El 28 de abril de 2012, diez menores (de los cuales tres no superaban los 14 años), asesinaron, en el madrileño barrio de Puente de Vallecas, (de dos disparos de arma detonante rectificada), a Jorge Luis, joven español hijo único de padres dominicanos... por lo visto no respondió a la petición provocativa de apoyar un símbolo o consigna de la banda del grupo de menores...

Le conocían alumnos míos:

Era amigo nuestro profe, esto no debería haber pasado…

Por eso qué alegría tan grande cuando uno escucha los testimonios de chicos-as que, tras ser integrantes de una banda juvenil, se dedican ahora a "abrir los ojos" a todo joven que pueden... para que no tomen esos falsos atajos, para llegar a tiempo.

CINCO CONSEJOS PARA...

Adolescentes

1. **Ten PACIENCIA. Tú no eres el que te ves ahora, eres mucho más.** Ni tu forma de ser ni tu cuerpo están acabados, recuerda la frase de William Shakespehare: *"En el destino no se trata de tener buenas cartas, sino de saber jugar con las que nos han tocado"*.

2. **CREE en TI MISMO: eres valioso.** No eres lo que dicen, o lo que piensan los demás, y no quieras ser lo que digan o piensen los demás. No reduzcas o minimices tu potencial. Di tú quién quieres ser.

3. **No rehuyas el ESFUERZO.** Todo logro verdadero supone un trabajo y un esfuerzo. Lo que se consigue con facilidad es superficial y pasajero. Recuerda que a nadie le ha tocado la lotería sin comprar el décimo...y que la mayor de las caminatas siempre empieza con un paso.

4. **No tomes "ATAJOS" falsos para conseguir logros y metas.** Son espejismos, son mentiras. El atajo de intimidar, poner bajo presión para sobresalir, puede dar sensación de poder, pero es falso, lo que produce es miedo en los otros y soledad para uno mismo... El atajo de cambiar lo que sientes verdaderamente por mostrar lo que cae bien al grupo, es "vender" tu personalidad a un precio ínfimo, estarás "secuestrando" tu libertad.

5. **RELACIÓNATE, ábrete a los demás y al mundo que te rodea.** Rodéate de amigos que te valoren, y que estén contigo de manera desinteresada. Trátales tú también de esa manera. La meta no es ser popular, sino de tener amigos verdaderos.

Padres y madres

1. **Que la prioridad en la escala de valores (los hijos), se traduzca en TIEMPO dedicado a "estar" presentes en sus vidas.** Es verdad que los ritmos laborales son muy cargados, pero se trata de extremar el esfuerzo y el ingenio. El que tiene un "Porqué", encontrará un "Cómo".

2. **Las NORMAS son necesarias. A ellos no les gustan, pero las necesitan.** No están predispuestos a asumirlas, pero más les daña su ausencia. Llegado el momento necesitan un NO a tiempo. Si no les ponemos límites por evitar su escandalosa oposición, puede llegar el momento en que se nos hayan ido de las manos. Hay que recordar que "El amor sin exigencia entristece, la exigencia sin amor, envilece, pero el amor con exigencia... enaltece."

3. **Tenemos que ir por delante con el EJEMPLO.** El hogar es el "mirador", el "palco" privilegiado donde nuestro hijo va a ser testigo de cómo se viven todos los avatares de la vida. La generosidad, el sacrificio, los cuidados, el cómo compartir y generar alegría, el cómo afrontar los problemas... todo eso se aprende en el hogar, y no por "información", sino por "contagio".

4. **Mantener un EQUILIBRIO entre el "estar pendientes" de lo que viven nuestros hijos y dejarles espacio** (saber e interesarnos por cómo están, lo que hacen, sus ami-

gos, éxitos y fracasos...) para que decidan y vivan sus propias experiencias. No hay recetas para ello... A veces nos iremos más hacia un extremo y otras hacia otro (controlarles todo o dejarles más sueltos), se trata de hacerlo con sentido común.

5. **Asumir nuestra RESPONSABILIDAD como padres desde un principio.** El peligro es creer que las cosas se irán dando por sí mismas (como por "generación espontánea"), o "delegar" todo en el otro miembro de la pareja o en el centro educativo. Los hijos se empiezan a educar 10 o 15 años antes de que nazcan, siendo nosotros personas capaces de "dar vida", de experimentar la felicidad de ayudarles a crecer y "volar". Eso después... no se improvisa.

Profesores-as

1. **SABER VER en los muchachos-as más allá de lo que ellos aparentan.** Ellos se presentan muchas veces como autosuficientes, impermeables, inaccesibles... Nosotros tenemos que ver lo que son: adolescentes en su camino de maduración.

2. **Mantener el EQUILIBRIO ENTRE CERCANÍA Y AUTORIDAD.** Somos sus profesores, no sus amigos sin más, nos tienen que percibir como aliados de su formación, de manera que capten que estamos para ayudarles y que podemos hacerlo puesto que reconocen nuestra preparación y autoridad para ello.

3. **Ser más TESTIGOS que MAESTROS.** La clase con nosotros presente, es el espacio donde verán cómo manejamos las relaciones, los conflictos, la participación, la igualdad, los criterios integradores... Nuestro proceder será siempre nuestro aval de autoridad para ellos.

4. **Igual que les pedimos a ellos, NO BUSCAR "ATA-JOS" falsos y momentáneos.** Apartar y segregar alumnos conflictivos no hace sino posponer un problema, no afrontarlo. Esto no supone que todo lo tengamos que afrontar y resolver nosotros solos, sino COOPERAR entre toda la COMUNIDAD EDUCATIVA y buscar los apoyos pertinentes.

5. **Ser DINÁMICOS y estar abiertos a cambios.** Los alumnos "mandan", pero no en lo que ellos reclaman, sino en lo que verdaderamente necesitan.Nuestro peor enemigo será la pasividad y rutina, (esta es la antesala del desánimo y pesimismo), por ello, todo lo que sea agilidad y creatividad, estimulará el trabajo y el clima positivo escolar.

CONCLUSIÓN FINAL

¿Cuál es la mejor situación para vivir mi adolescencia, para que acertemos como padres, para educar a mis alumnos del instituto?

La que tenemos, porque es la real, la que existe. No podemos esperar a tener situaciones ideales, sino ponernos humildemente a sembrar, trabajar, afrontar los retos, rectificar, ayudarnos, colaborar...

"En una entrevista que le hicieron a Monseñor Romero, (Arzobispo de San Salvador, asesinado por defender los derechos de los más pobres) le preguntaron al saber que recibía constantes amenazas de muerte:

- ¿Tiene miedo?

Él respondió:

- Me tiemblan las piernas... pero es donde Dios me las ha puesto."

Por eso, se trata de actuar donde sea que tengamos "las piernas", y hacerlo con esperanza, aunque no veamos los frutos inmediatamente.

En nuestra labor como padres, como educadores, no se nos pide "mucho"... se nos pide "todo", todo lo que esté en nuestras manos (que normalmente también será mucho). Se trata de no tirar la toalla, de no desfallecer, y si nos vemos incapaces o con pocos recursos, pedir ayuda, pero no quedarnos inactivos.

Muchas veces como profesor, me he visto sobrepasado por el clima difícil de las clases, me he sentido muy impotente..., sobre todo muy vulnerable a la tentación del desánimo: no sirve de nada el esfuerzo, no están receptivos, no quieren, no se enteran... . Y no es cierto. Sí se enteran, sí sirve el esfuerzo, lo que pasa es que tarda en dar fruto...

A veces los frutos tardan más de lo que nos gustaría, pero llegan:

"Hace unos meses regresó al instituto uno de estos alumnos –difíciles-. Había venido a recoger unos certificados y aprovechó para vernos a los profesores que le habíamos dado clase... Nos contó que trabajaba y estudiaba a la vez, y que tenía que darnos las gracias por haberle aguantado en los momentos en que había sido más rebelde..., (nos buscó uno a uno en los cambios de clase puesto que quería decírnoslo personalmente...).

Yo pensé: si no hubiera regresado, nunca sabríamos que nuestro esfuerzo no cayó en saco roto...

En mis años como misionero también he tenido experiencias que me han confirmado que nunca hay que bajar los brazos, que nada de lo que sembremos se pierde:

"Estuve un año y medio trabajando con jóvenes de zonas rurales en la frontera entre Venezuela y Colombia. Para mí fue un periodo muy duro (la primera vez que dejaba mi país, otra cultura...). Junto con otro compañero pusimos en marcha un plan de dinamización local y de alfabetización. Nos ayudaban chicos y chicas universitarios de la capital cercana. Tuve que regresar a España sin ver los frutos. Seis meses después ya en Madrid recibí una carta de Venezuela, la caligrafía como de niño pequeño, era uno de los muchachos que no sabía leer ni escribir, en ella me daba las gracias por todo. Lo que más me llamó la atención fue la "estampilla" (el sello), para el extranjero, comprarla le suponía el salario de todo un día trabajando en el campo. Pero estaba feliz de compartir su alegría.

Yo también me alegré, mucho. Igual que me alegro cuando en facebook veo cómo comparten experiencias muchos ex-alumnos, unos casados y felices con bebés, otros disfrutando viajes o vivencias en el extranjero, estudiando o investigando, otros preocupados por buscar salida laboral a los estudios... todos vivos, todos intensos, desplegando capacidades, ocurrencias, inquietudes...y muchos de ellos fueron muy rebeldes, algunos especialmente conflictivos en su momento, otros impulsivos, orgullosos, reacios a aceptar la frustración...

Se estaban "haciendo", intentaban ser mayores siendo todavía más niños que adultos, se confundían, y metían la pata..., y a veces nos sacaban de quicio en casa y en el instituto. Pero se dejaron moldear lo suficiente, y los que estábamos cerca creímos que, en esos "bloques de mármol" se escondían maravillosas figuras...

Pero también hay barro que no se deja moldear, o que no lo supimos hacer bien, o las dos cosas.

Recuerdo leer una noticia en el periódico, en la que se informaba de la detención de una banda de "aluniceros" que se dedicaban al robo en concesionarios de coches en el centro de la capital. Al observar las iniciales de alguno de los detenidos me llamó la atención que una de ellas coincidía con las de un ex–alumno muy conflictivo. Al día siguiente en el instituto, otros profesores y alumnos mayores me lo confirmaron...

No todo sale bien, y es muy duro porque las consecuencias son terribles; y es que no todo depende de nosotros..., aunque haya que actuar como si dependiera. Al final se trata de actuar bien en todo lo que esté en nuestras manos.

Refiere un cuento zen que dos discípulos eran muy orgullosos y que un día, maliciosamente, uno tuvo una ocurrencia para poner en entredicho a su maestro.

Tramó un plan y se lo contó a su compañero:

"Voy a coger un pájaro y lo ocultaré con la mano detrás de mí, iremos donde el maestro y le preguntaré que cómo está el pájaro, vivo o muerto. Ya sabes, si me dice muerto, se lo mostraré vivo y habrá fallado, y si me dice vivo, solo tengo que apretar la mano y como él no lo verá, lo sacaré muerto. Quedará mal de cualquier modo."

Con la presteza de saberse ganadores fueron donde el maestro. Al llegar, le dijeron todo lo planeado. El maestro les escuchó atentamente y rápidamente adivinó sus malas intenciones. El discípulo llegó a la pregunta crucial:

- ¿Cómo está el pájaro, vivo o muerto?

El maestro les miró con tristeza, con compasión y su respuesta les dio una lección de madurez y responsabilidad:

-"Vivo o muerto... ESTÁ EN TUS MANOS."

El valor, la dedicación, la atención, los desvelos, el poner límites, el exigirles con amor, que deben recibir los adolescentes de nosotros como padres...está en nuestras manos.

El escucharles, el dar lo mejor de nosotros, el que nos importen y se lleven más tiempo que lo lectivo, el que los alumnos nos perciban sus aliados, como profesores...está en nuestras manos.

Y por último, chico, chica: el no vender tu personalidad, el no tomar "atajos", el ponerte en el lugar del otro, el tener amigos verdaderos y serlo tú también... está en tus manos.

ANEXO: El cine y los adoslescentes

A continuación presentamos una serie de películas de cine que abordan esta etapa de la vida y su conflictividad. Las hemos agrupado según los distintos tipos de conflicto que reflejan.

Estas películas nos pueden ayudar para profundizar en cada tema, y sobre todo pueden tener muchas de ellas una aplicación positiva para generar reflexión y debates al visualizarlas con los adolescentes.

Películas "clásicas" de adolescentes
REBELDE SIN CAUSA
de Nicholas Ray, 1955. (Adaptación del libro de 1945 del psiquiatra Robert M. Lindner).
"Es la historia de un adolescente rebelde, en la que su confusión, conflictos y peleas obligan a su familia a un constante peregrinaje de ciudad en ciudad. Llegado a Los Ángeles encontrará el amor y nuevos conflictos cuyas consecuencias serán fatales."
REBELIÓN EN LAS AULAS
de James Clavell, 1967.
"Un ingeniero de raza negra sin trabajo, acepta un puesto de profesor de un grupo de adolescentes blancos bastantes conflictivos en una escuela de la periferia de Londres. Los alumnos, insolentes y muy rebeldes, chocarán con los métodos "tradicionales" del profesor hasta que su sincero empeño por sacar lo mejor de ellos, y sus "nuevos métodos" irán cambiando al situación".

WEST SIDE STORY
Película musical Robert Wise, 1961. (Basada en una obra de teatro musical de Brodway).
"Es una adaptación de Romeo y Julieta al Nueva York de los años 50. Dos bandas rivales, los Sharks puertorriqueños, y los Jets blancos de origen irlandés, llegarán a terribles enfrentamientos cuando uno de los Jets se enamore de la hermana del jefe de los Sharks..."

Adolescentes problemáticos
THIRTEEN
de Catherine Hardwicke, 2007.
"A los trece años la mayoría de los adolescentes creen saberlo todo y estar en posesión de la verdad. Las amistades son muy influyentes y los jóvenes no ven peligro alguno. Una chica estudiosa y normal de 13 años se hará íntima amiga de la chica más sexy y popular del instituto. Comenzará una relación de vértigo en caída hacia el descontrol, las drogas, el sexo y el crimen..."
Esta cinta refleja de forma magistral el peligro de las malas amistades, y también la manera en que una hija adolescente se le va de las manos, en este caso a su madre".
SWEET SIXTEEN
de Ken Loach, 2002.
"Liam es un adolescente británico a punto de cumplir 16 años, su madre está en la cárcel y él vive con su padrastro y su abuelo (culpables de la situación de la madre, puesto que trafican con drogas..). Liam sueña con conseguir una casa y una situación estable para él y su madre cuando ésta salga de prisión. Tomará decisiones equivocadas con el mundo de las drogas y las mafias para conseguir dinero..."

Esta película plasma las caóticas consecuencias para un adolescente de tener una familia desestructurada.

Refleja muy bien que las buenas intenciones del chico no bastan, si no cuenta con alguien maduro a su lado que le pueda orientar.

ARENA EN LOS BOLSILLOS

de César Martínez Herrada, 2007.

"Cuatro jóvenes de un barrio periférico de Madrid, inician un viaje hacia el mar huyendo de las miserias que les rodean. En el camino encontrarán amistad, amor y solidaridad, todo aquello que no tienen en su entorno."

En esta película el mar simboliza esa meta positiva que los adolescentes quieren conseguir y que está más allá de la vida gris de su barrio y de sus familias.

BARRIO

de Fernando León de Aranoa, 1998.

"La historia de tres amigos y compañeros de instituto. Comparten todo, sus inquietudes, sus sueños, pero sobre todo la realidad dura del barrio en el que viven. Juntos comprenden lo difícil que es crecer. Finalmente todo dará un vuelco inesperado con la muerte de uno de ellos..."

KIDS

polémica película en su momento, dirigida por Larry Clark en 1995.

"Trata del día a día en la vida de un grupo de jóvenes neoyorkinos sumergidos en el alcohol, las drogas y el sexo."

Refleja los duros problemas de vivir una temprana sexualidad y el abuso y descontrol en la búsqueda de nuevas experiencias...

NEDS (No educados y delincuentes)
de Peter Mullan, 2010.
"Glasgow, 1973. John Mcgill, un chico inteligente y sensible pasa del colegio al instituto, tiene ganas de aprender y salir adelante, pero nada parece favorecerle... los profesores le tratan con distancia pues es el hermano pequeño de un gamberro delincuente, en casa su padre es un borracho violento... John utilizará sus cualidades para triunfar en la violenta vida de la calle..."
Película muy dura pero que reúne en sí muchos ingredientes: protagonista con muchas cualidades, violencia familiar, entorno duro, escuelas rígidas, y bandas callejeras...

Cuando falla la familia
EL BOLA
de Achero Mañas, año 2000.
"Es la historia de un muchacho de 12 años víctima de la violencia y abusos de su padre. Esta terrible experiencia le incomunica y cohíbe. La llegada de un nuevo compañero le hará descubrir la verdadera amistad y el apoyo para enfrentar su situación y denunciarla."
PURE
de Gilles Mackinnon, 2006.
"Ambientada en los suburbios de Londres. Es la historia de unión entre un hijo de 10 años, su madre y la lucha del primero por conseguir que su madre abandone la adicción a las drogas. *El niño tendrá que asumir situaciones y decisiones muy por encima de lo propio de su edad.* *Al final, solo cuando se toque fondo, la madre encontrará la fuerza para salvarse ella misma y a su familia."*

PRECIOUS
de Lee Daniels, 2009.
"Precious Jones, de 16 años y casi analfabeta, espera su segundo hijo. El primero lo tuvo a los 12 años. Vive en Harlem con una madre obesa y cruel, que se pasa el día viendo televisión, devorando la comida que su hija le prepara y sometiéndola a denigrantes abusos y humillaciones. Forzada a abandonar la escuela a causa de su embarazo -y el último vínculo que la ligaba al mundo-, Precious continúa su formación en el instituto para casos especiales. Allí conoce a la profesora Rain, una maestra joven, combativa y que cree en sus alumnos. Precious, por fin tendrá la posibilidad de recuperar su voz y su dignidad." Esta magnífica y muy dura película plasma el drama de los abusos que esconden muchas vidas... la esperanza radica en personas que intenten recuperar y reconstruir una inocencia y amor robados...

Películas que abordan el acoso escolar
COBARDES
de José Corbacho y Juan Cruz, 2008.
"Gaby es un chaval de 14 años que tiene miedo de ir al colegio. Tal vez su miedo sea a causa de Guille, su compañero de clase, que por su parte tiene miedo de defraudar a su padre. Pero los padres de Gaby y Guille también tienen miedo, a perder el trabajo, a que su familia se desmorone, al poder que les envuelve, a no conocer a sus propios hijos..." La película aborda la realidad del bullyng desde todos sus aspectos, empezando por el hecho de que no hay ninguna razón objetiva para que se metan con el protagonista, pasando por el análisis de las familias de agresor y agredido, por los profesores desbordados...y llegando a un desenlace que deja abierto el debate de cómo actuar correctamente...

KLASS

de Ilmar Raag, 2007.

"Ambientada en Estonia, narra la historia de un adolescente, Joseph, el más débil de la clase. Toda la vida ha tenido que soportar las constantes vejaciones de sus compañeros. Con los años, las bromas han pasado a ser palizas y su vida se ha convertido en una perpetua humillación. Otro compañero, Kaspar, siempre ha participado de ese juego, pero un día reacciona y defiende a Joseph. Desde ese día les harán la vida imposible a los dos...pero nadie cuenta con que el padre de Joseph estuvo en el ejército y conserva armas de fuego en la casa..."

Esta película narra con mucha crueldad y violencia, la situación permanente de acoso, muestra las trágicas consecuencias de no prevenirlo, detectarlo y detenerlo.

EL SUEÑO DE JIMMY GRIMBLE

de John Hay, 2000.

"La historia se desarrolla en la ciudad inglesa de Manchester, en la que el sueño de Jimmy es llegar a ser jugador de fútbol profesional. Pero cada vez que juega en público se pone muy nervioso y le puede la presión, no tiene confianza en sí mismo...quizá tiene algo que ver que él sea la víctima favorita del matón Gorgeus, el cabecilla del grupo de chicos conflictivos.

La ayuda de un cuestionado entrenador y su propio pundonor, le harán encontrar una salida."

Esta película trata el tema del acoso en el marco de una historia positiva de superación.

Problemáticas en el instituto

LA CLASE

de Laurent Cantalet, 2008.

"En un instituto de un barrio conflictivo de París, los profesores se preparan para afrontar un nuevo curso. Los problemas de integración de culturas y actitudes de la Francia contemporánea se hacen presentes en el microcosmos de la clase. La tremenda franqueza del profesor tutor sorprende a los alumnos, pero su estricto sentido de la ética se tambalea cuando los jóvenes empiezan a rechazar sus métodos y cuestionar su persona."

Esta película aborda el día a día de una clase de instituto de una manera muy realista y casi documental, reúne muchos aspectos de la escuela pública de hoy: desmotivación, falta de recursos, mucha diversidad y conflictos de integración, las diversas posturas del profesorado ante las dificultades...

187

Dirigida por Kevin Reynolds en 2005.

"Esta película nos plasma el acoso al que se ve sometido un profesor de secundaria por parte de alumnos delincuentes de un instituto de barrio marginal de Los Ángeles. A medida que avanza el curso, el enfrentamiento entre profesor y la banda tomará caminos tan absurdos como sus trágicas consecuencias."(187, es el código para indicar asesinato por parte de la policía en EE.UU., y es lo que el profesor encuentra pintado en la fachada de su casa...).

Aquí se plasma el enfrentamiento alumnos-profesor en sus extremos y se refleja la indefensión del primero de parte de una administración preocupada más por lo burocrático que por las personas.

DIARIOS DE LA CALLE

de Richard Lagravense, 2006. (Basada en el Best-Seller "Freedom Writers Diary").

"Una profesora de un instituto de barrios marginales de EE.UU., invitará a sus conflictivos y desahuciados alumnos, a escribir sus propias historias. En ese proceso, los alumnos superarán prejuicios y diferencias...

y a los que antes era –prácticamente imposible- enseñar nada, ahora creen en sí mismos, descubren el poder de la solidaridad y el respeto. Recuperarán sus vidas destrozadas en la apertura a un futuro esperanzador."

Una película basada en hechos reales, quizá muy del estilo de Hoollywood en cuanto se extreman sentimientos y final feliz (al igual que La anterior "187" extrema por el lado contrario).

Manipulación y presión del grupo

LA OLA

de 2008, dirigida por Dennis Gansel.

"Película alemana basada en el experimento –la tercera ola- en que un profesor de secundaria decide llevar a cabo una experiencia con sus alumnos para demostrarles lo fácil que es manipular a las masas. Se lo hace a ellos y el experimento se le va de las manos, pues la organización y grupo que crea en ellos será tomado como verdadero modo de proceder más allá de los límites del experimento...llegará a consecuencias terribles."

Muestra la necesidad de pertenencia de los adolescentes a unos valores y grupo que los identifiquen para sentirse seguros, y la facilidad para someterse a la presión del grupo mayoritario.

Marginalidad total. Adolescencia en la calle

LA VENDEDORA DE ROSAS

dirigida por Víctor Gaviria, 1998.

"Medellín, Colombia. Mónica tiene 13 años y ya se ha rebelado contra todo. Ha creado su propio mundo en la calle, donde lucha para proteger lo único que tiene: sus amigas, tan niñas como ellas, su novio, un –pelao- que menudea con drogas, y su orgullo. Añora a su abuelita muerta, habla con ella y la ve en medio del delirio del –sacol-, pegamento con el que se traba.

Se acerca la Navidad y ella vende rosas para pasar un fin de año con ropa nueva...pero la vida le está preparando un encuentro con la soledad, la droga, la violencia y la muerte."

Cruda película en la línea del documental, puesto que muchos de los niños filmados son verdaderamente niños de la calle, "gamines" en terminología colombiana. La actriz protagonista, Leidy Tabares, procede de estos ambientes, y se da la paradoja de que como la película fue nominada a la palma de oro del festival de Cannes, tuvieron que "conseguirle" el pasaporte a Leidy puesto que no tenía ningún tipo de documentación al vivir en la calle.

¿Qué ocurre cuando todo falla, la familia, una sociedad empobrecida, autoridades corruptas, egoísmo y desigualdades extremas...?. La película muestra la realidad cruel e injusta que se ceba más con los más indefensos, los niños y adolescentes. Es la otra cara de cientos de ciudades en el mundo en las que los niños de la calle sobreviven a costa de sus propias vidas.

EL POLAQUITO

película argentina dirigida por Juan Carlos Desanzo, 2004.

"Un chico de la calle se gana la vida cantando tangos en los vagones de tren de la estación central de Buenos Aires. Le llaman el Polaquito.

El Polaquito conoce a Pelu, de la que se enamora perdidamente y a la que intenta rescatar de la mafia que la explota. Para ello deberá enfrentarse al líder de esa mafia de la estación, que amparado por policías corruptos, hará todo por impedírselo..."

Dura película basada en hechos reales y como en la anterior refleja de manera magistral el desamparo y explotación, en este caso, de los niños de la calle.

Violencia juvenil, delincuencia y bandas
HOOLIGANGS
dirigida por Lexi Alexander en 2005.
"Un estudiante de periodismo en Hardvard, es expulsado por un acto que él no cometió. Aprovecha para vivir una temporada en Londres con su hermana y su cuñado. Allí conoce al hermano de su cuñado que es el líder de una banda de hinchas ultras del West Ham United. Poco a poco se introducirá en la banda descubriendo un mundo de lealtad pero también de brutalidad y violencia" Esta película plasma de manera acertada los aspectos positivos de amistad y apoyo de los grupos, pero también lo absurdo de la presión del grupo y de las consecuencias de la espiral de violencia.
AMERICAN HISTORY X
de Tony Kaye, 1998.
"Derek es el líder de un grupo de jóvenes neonazis de Venicebeach en California. A pesar de su gran inteligencia, sus acciones criminales culminan en un brutal asesinato y en sentencia de cárcel. Tras tres años de prisión se convierte en un hombre diferente, con un único objetivo: conseguir rescatar a su hermano Danny que ha seguido sus pasos racistas y comenzar una vida nueva junto a su madre y resto de la familia." Toda la trama de la película la cuenta el hermano pequeño a través de un "Trabajo de clase" encargado por el director del instituto que sigue apostando por él y su hermano. Magnífica película que retrata como nunca el proceso de inserción en una banda skin. Ahonda en las influencias sociales y familiares que apoyan el racismo, esboza sus discursos demagógicos y destapa las mentiras y manipulaciones que encubre. Todo esto lo expone desde las experiencias de desengaño de los protagonistas a partir de momentos duros pero redentores... Ideal para debates en las clases.

EL ODIO

de Mathieu Kassovitz, 2006.

"A partir de un hecho real, la muerte a golpes de Abdel Ichah, un joven de los suburbios de París en una comisaría de policía, se desarrolla esta historia de 24 horas de la vida de otros tres jóvenes marginales. Son 24 horas en las que el odio hacia la policía está latente, pero es mucho más, es un odio a todo, a no tener futuro, ni razones, ni esperanzas, y como siempre con el absurdo final que se construye desde lo equivocado..."

Esta película abre el debate de si las condiciones sociales son determinantes o no para que muchos adolescentes desemboquen sus vidas en la delincuencia y la marginación.

CIUDAD DE DIOS

de Fernando Meirelles, 2002.

"Es la historia de Buscapé desde que tenía 11 años hasta su juventud. Vive en la fabela Ciudad de Dios de Río de Janeiro, una de las más peligrosas y violentas. Crecerá en medio de robos y delincuencia pero intenta sobrevivir para lograr su sueño, ser fotógrafo. Paralelamente Dadinho, también llamado Zé Pequeño, sueña con ser el criminal más temido de Río. Es la historia de los dos ...y de la fabela."

De nuevo una magnífica película que abre el debate de si por el hecho de nacer en determinada ciudad o barrio un niño está destinado a la delincuencia, o si siempre podemos optar y elegir nuestro actuar.

THIS IS ENGLAND

dirigida por Shane Meadows en 2006.

"Años 80. Un chico de unos 13 años, Shaun, llega nuevo a la ciudad con su madre (su padre ha fallecido en la guerra de las Malvinas), tiene problemas de adaptación y soledad hasta que casualmente conoce a un grupo de skinheads que le admiten como amigo. Este grupo está unido por la

amistad, diversión, estética y música. El problema surge cuando salga de prisión un antiguo miembro del grupo y quiera imponerles ideas nacionalistas y racistas."

Esta película muestra de manera muy clara la necesidad, a esta edad del protagonista, de ser aceptado socialmente. Al mismo tiempo plasma el peligro de la manipulación y abuso hacia los más jóvenes, o más débiles, por parte de líderes intolerantes.

SIN NOMBRE

de Cary Fukunaga, 2009.

"Película que describe dos crudas realidades que se juntan: la dureza de la inmigración clandestina a los EE.UU. y la violencia de las Maras (bandas criminales de Centroamérica).

Se cruzan los destinos de dos jóvenes, una inmigrante hondureña, y un miembro de la mara que se revela ante la injusticia.

No se escatima en mostrar los códigos crueles de las maras y su violencia, y las injusticias ante el desamparo de los inmigrantes."

Esta película puede dar pie a profundizar en las clases, acerca del peligro del fanatismo de las bandas latinas, y como se aprovechan de los más inseguros para conseguir marionetas con el cerebro "lavado".

Solidaridad, fraternidad contra el racismo

He querido terminar esta serie de películas con una que tiene como protagonista a un joven y cuya historia y mensaje son notoriamente positivos y esperanzadores.

LA FUERZA DE UNO

dirigida por John G. Avildsen, 1992. Basado en el libro "The power of one" de Bryce Courtenay.

"Sudáfrica 1939-1950, en pleno gobierno racista, un huérfano de origen inglés –PK-, sufre el acoso en su internado por parte de los mayores de origen holandés-alemán. Por azar del destino crecerá en una prisión donde será educado en la generosidad, solidaridad e igualdad por parte de su tutor, un pianista alemán antinazi, y por Geel Peet, un veterano y entrañable preso de raza negra, que además le aleccionará en el boxeo.

Conocerá la injusticia pero luchará contra ella intentando promover el desarrollo, la educación y la igualdad hacia la población negra marginada. Convencido que una gota unida a otra y a otra, pueden formar una cascada imparable..."

Esta historia está llena de valores positivos. Y deja claro que cantidad de situaciones injustas pueden cambiar si alguien se alza contra ellas, porque la mayor de las caminatas… siempre empieza con un paso.

GLOSARIO

ABSENTISMO: "Ausencia frecuente del centro escolar o de trabajo".

ACOSO ESCOLAR: "Conjunto de conductas agresivas (verbales, físicas y psicológicas), que un individuo o grupo ejerce de manera repetitiva e intencional hacia un compañero elegido como víctima."

ADOLESCENCIA: "Periodo de la vida entre la pubertad y la edad adulta."

ANOREXIA NERVIOSA: "Obsesión por la pérdida de peso, fruto de un extremo temor a la obesidad".

AUDIENCIA IMAGINARIA: "Obsesión por la imagen que los demás tienen de uno. Es la obsesión por creer que todo el mundo está pendiente de uno."

AUTOESTIMA: "Grado de valoración y aceptación que tiene un sujeto de sí mismo."

AUTOIMAGEN: "Percepción que se tiene del propio cuerpo e imagen que se cree que uno proyecta a los demás".

BAR MITZVAH: "Ceremonia religiosa judía, para los varones de 12 años, en la que se realiza el paso de la niñez a la edad adulta. Permite leer las Sagradas Escrituras en la sinagoga."

BULIMIA NERVIOSA: "Trastorno de la conducta en el que la preocupación excesiva por el peso corporal, lleva a protagonizar un abuso en la ingesta de alimentos, seguido de sentimientos de culpabilidad que desembocan en provocarse vómitos a modo de compensación."

BULLYNG: "Término anglosajón de acoso escolar."

CANON DE BELLEZA: "Modelo de estética corporal imperante en una sociedad."

CIBERACOSO: "Utilización por un individuo o grupo, de las nuevas tecnologías de comunicación como plataforma para acosar, de manera repetitiva e intencional a una víctima."

CIBERBULLYNG: "Término anglosajón de ciberacoso."

COMUNIDAD EDUCATIVA: "Agentes protagonistas en el proceso educativo de un centro escolar: alumnos, padres, profesores, equipo directivo, y personal no docente del centro."

CULTO AL CUERPO: "Obsesión por conseguir el canon de belleza imperante en una sociedad."

DISMORFIA CORPORAL: "Obsesión por el rechazo a una parte del cuerpo, que impide llevar una vida tranquila y equilibrada."

DISRUPCIÓN: "Aplicado a la educación, se refiere a todas aquellas conductas cuyo objetivo es interrumpir, alterar o boicotear el normal desarrollo de una clase."

EFEBOS: "Jóvenes de la antigua Grecia que recibían una educación concreta, para formarles como futuros ciudadanos."

EMPATÍA: "Capacidad de un sujeto de identificarse con otra persona o grupo."

ESCALADA COERCITIVA: "Proceso creciente para reprimir una conducta o imponer la propia."

ESCUCHA ACTIVA: "Técnicas de comunicación que facilitan la comprensión, la empatía y el acercamiento entre dos partes."

FÁBULA PERSONAL: "Nombre que se da a la inclinación (sobre todo en la adolescencia) a considerar las experiencias y sentimientos como algo singular e incomprensible para el resto de personas."

GAMINES: "Término coloquial utilizado en Colombia, para nombrar a los niños que malviven en las calles."

GROOMING: "Término anglosajón, utilizado para definir el acoso sexual por medio de las nuevas tecnologías."

INFANCIA: "Periodo de la vida humana que va desde el nacimiento hasta la pubertad."

MARAS: "Pandillas juveniles centroamericanas de carácter criminal y violento."

MEDIACIÓN DE CONFLICTOS: "Técnica utilizada como recurso para la resolución de conflictos, en la que un o unos sujetos neutrales facilitan un espacio de diálogo, en el que dos partes enfrentadas buscan una solución consensuada a sus diferencias."

NIÑOS AGENDA: "Término empleado para definir a los niños que sufren una sobrecarga de actividades extras para su formación, pero que en muchos casos es para suplir la ausencia de los progenitores."

NIÑOS LLAVE: "Término empleado para referirse a los niños que pasan solos la mayor parte de la jornada, puesto que sus padres están ausentes..."

PATERNIDAD COMPLACIENTE: "Conducta paterna que consiste en no contradecir la voluntad de los hijos, para evitar conflictos, y como compensación a su falta de dedicación o presencia en el hogar."

PERSONALIDAD: "Conjunto de los componentes que componen la individualidad de una persona."

PRESIÓN DE GRUPO: "Influencia y grado de repercusión que un grupo ejerce sobre individuos concretos, en sus opiniones o modo de actuar."

PUBERTAD: "Periodo de la vida del ser humano en el que se producen los cambios biológicos que posibilitan la capacidad reproductiva."

SÍNDROME DEL EMPERADOR: "Término empleado para definir la conducta tiránica que ejercen algunos niños y adolescentes en el hogar, debido a la ausencia de normas o pérdida de la autoridad de los padres."

SKIN HEADS: "Cabezas rapadas, grupos violentos que adoptan esa estética intimidatoria y que defienden ideologías fascistas, racistas y de intolerancia con las minorías."

T.I.C.: "Tecnologías de la información y la comunicación."

VIGOREXIA: "Obsesión por conseguir un cuerpo excesivamente musculado."

BIBLIOGRAFÍA

Avilés Martínez, J.M.: *El bullyng en la ESO.* Escuela Hoy, 46.

Bas, E. (2007). *Prevención de la drogodependencia en Secundaria.* Mº de Educación y Ciencia. Narcea. Madrid.

Blanchard, M. y Muzás, E. (2007). *Acoso escolar. Plan de acción tutorial.* Mº de Educación y Ciencia. Narcea. Madrid.

Cachón, L. (2003). *Inmigrantes jóvenes en España. Sistema educativo y mercado de trabajo.* Instituto de la juventud. Ministerio de Trabajo y Asuntos Sociales. Madrid.

Cervera, M. (1996). *Riesgo y prevención de la Anorexia y la Bulimia.* Martínez Roca.

Díaz Aguado, M.J. (dir.)(1992). *Educación y desarrollo de la tolerancia.* Mº de Educación y Ciencia. Madrid.

Di Segmi Obiols, S. (2002). *Adultos en crisis, jóvenes a la deriva.* Novedades Educativas. Buenos Aires.

Eyres, L. y R. (1997). *Cómo formar hijos con principios.* Ediciones Médici. Barcelona.

Faber A. y Mazlish, E. (1996). *Cómo hablar para que sus hijos le escuchen y cómo escuchar para que sus hijos le hablen."* Ediciones Médici. Barcelona.

Garriodo, V. (2007). *Los hijos tiranos: el síndrome del emperador.* Editorial Ariel. Barcelona.

Joslyn, K.R. (1996). *El padre competente de la A a la Z. Ediciones Médici. Barcelona.*

Luengo Latorre, J. A. (2010). *Ciberbullyng.* Defensor del Menor de la CAM. Madrid.

Marchesi, A. y otros (2006). *Convivencia, conflictos y educación en los centros de la Comunidad de Madrid.* Publicaciones del Defensor del Menor de la CAM. Madrid.

Olweus, D. (1998). *Conductas de acoso y amenazas entre escolares.* Morata. Madrid.

Ortega R. y Mora, J. A. (2010). *Violencia escolar, mito o realidad.* Mergablum edición y comunicación. Sevilla.

Ríos, J. C. y Segovia, J. L. (1998). *La infancia en conflicto social.* Cáritas Española. Madrid.

Rodríguez, N. (2008). *Quién manda aquí. Educar a los hijos con una disciplina coherente y efectiva.* Círculo de Lectores. Barcelona.

Samalin, N. (1993). *Con el cariño no basta.* Médici. Barcelona.

Sanmartín, J. (2002). *La mente de los violentos.* Ariel. Barcelona.

Scandroglio, B. (2009). *Jóvenes, grupos y violencia.* (De las tribus urbanas a las bandas latinas.) Icaria. Barcelona 2009.

Segura Morales. M. (2007). *Ser persona y relacionarse.* Mº de Educación y Ciencia. Narcea. Madrid.

Serrano, A. (2006). *Acoso y violencia en la escuela. Cómo detectar, prevenir y resolver el bullyng."* Ariel. Barcelona.

Torrego, J. C. y Moreno, J. M. (2003). *Convivencia y disciplina en la escuela. El aprendizaje de la democracia."* Alianza. Madrid.

Turecki, S. (1995). *El niño difícil.* Médici. Barcelona.

Turón, V. (1997). *Trastornos de la alimentación.* Masson.

Urra, J. (2006). *El pequeño dictador.* La esfera de los libros. Madrid.

TÍTULOS DE LA COLECCIÓN

1 Juan José Jurado, NO TENGO TRABAJO ¿QUÉ PUEDO HACER?

2 Antonio Soto, LAS NUEVAS ADICCIONES ¿QUÉ SON? ¿CÓMO AFRONTARLAS?

3 Luis López, CLAVES PARA ENTENDER LA CRISIS MUNDIAL

4 Toti Fernández, VÍSTETE Y TRIUNFA. INFLUENCIA DE LA MODA EN LA VIDA COTIDIANA

5 Miguel Álvarez, LA SEXUALIDAD Y LOS ADOLESCENTES. CONCEPTOS, CONSEJOS Y EXPERIENCIAS

6 Ángel Moreno, CÓMO EDUCAR A UN BEBÉ

7 Esther Soria y Laura Soria, CON LA ALIMENTACIÓN NO SE JUEGA

8 Arántzazu García, Ana Ferrández y Susana Martín, NOSOTROS PODEMOS. INTEGRACIÓN DE LOS DISCAPACITADOS EN LA SOCIEDAD ACTUAL

9 Adolfo Muñiz, BASES PARA UNA BUENA EDUCACIÓN MUSICAL

10 M. Natividad Soto y Lola Ortega, LA COMUNICACIÓN CON TU BEBÉ

11 Carlos Molinero, ADOLESCENTES EN CONFLICTO. CÓMO RECUPERAR LA ARMONÍA PERDIDA